文庫ぎんが堂

# なぜあなたは「愛してくれない人」を好きになるのか

二村ヒトシ

[イラスト] 山 本 直 樹

[執筆協力] 丸 山 桜 奈

本書は2011年に小社より刊行した『恋とセックスで幸せになる秘密』を
改題し、新たな章を加え、文庫化したものです。

# まえがき

あなたは「私のことをちゃんと大切にしてくれない人を、好きになっちゃう」とか「むこうから好きだって言ってくれる人は、なぜか、好きになれない」ことが多くありませんか？

「私は自分が嫌い……。でも、そんな自分が大好き」って思うこと、ありませんか？

うまくいかない恋愛や、理想的な結婚ができないことや、そもそも出会いがないこと、そして、自分を好きだったり嫌いだったりで心が不安定になることには、理由があります。

それは、あなたが「男運が悪いから」「性格が悪いから」では、ありません。「魅力がないから」でもありません。そういう単純な理由じゃないんです。

そして「あなただけのせい」でもありません。

その秘密は、あなたの心の奥だけではなく、男たちの心の奥にも、あなたが子どもの頃の親との関係の中にも、おおげさな話ですが「女って、何だろう」「恋って、何だろう」という問題の中にも、かくされています。


僕はアダルトビデオの監督です。女性が自分の意志で積極的にエッチなことをするAVを撮っています。

何年か前に、ある有名な女性誌のセックス特集で取材を受けました。内容は「男性を気持ちよくさせて、女性も楽しめるテクニックを教えてほしい」というものでした。

とてもまじめに取材してくれて、僕が話したとおり文章にしてくれました。ところが、できあがって送られてきた雑誌を見た僕は「あれっ？　なんか変だ」と感じたんです。

僕が話した言葉もふくめて、そのセックス特集全体が「男性に飽きられないように、捨てられないために、セックスをがんばろう」という雰囲気になっていたからです。

それって「二人が愛しあって、セックスを楽しんでること」に、なるんでしょうか？

それから僕は、女性向けの「恋愛や結婚やセックスに関する記事」が、なんだか気になるようになりました。

よく読んでみると、そこにはかならず「愛されるファッション」とか「恋する女性は美しい」とか「モテの極意」とかが書いてあるんですが、恋愛の相手を「愛することができる女になろう」とは、どこにも書いていないんです。

あるウェブサイトでは、女性の読者に「フェラが上手だと、彼氏に浮気されないよ！」とアドバイスしていました。

でも実際には、女性がフェラチオが上手でも、がんばってエロいセックスをしても、浮気をする男は浮気をやめません。むしろ「男のためのセックス」をしている女性の方が浮気されやすいのです。

男性から「愛されよう」と無理してやっていることが、結果的に「その男性から大切にされない」ことにつながり、「軽くあつかわれる」ように自分からしむけることになっているのです。
この矛盾にも、あなたの「恋の苦しみ」の秘密が、かくされています。

あなたが苦しいのは、あなたが悪いからではありません。
でも残念ながら、他の誰かが「なんとかしてくれる」わけでも、ありません。
この本では恋の苦しさの謎をひとつひとつ解きあかして、あなたが幸せを感じられるようになるための手助けをしていきます。

「私ってダメ女……」と自分を責めることもなく、まわりが引いちゃうくらい「へんにポジティブ」にもならず、ちょうどいい感じで、あなたが気に入った相手との恋や愛やセックスや、あなた自身の人生を、心から楽しめるようになりましょう。人生は一度きりなんですから。

二村ヒトシ

# 男性読者のためのまえがき

この本は、恋愛や性に悩む女性のための本ですが、そんな女性のことを好きになってしまったマジメで不器用でモテない男性（A）にも、そういう女性たちを苦しませながらセックスしつづけてきて「そろそろ、そういうの卒業して大人にならないと、自分の人生もヤバい……」と思い始めている**不マジメなのにモテる男性（B）**にも、役に立つ本です。

**あなた（A）**は彼女を、なぜ好きになってしまったのか？ の答えや、「彼女を幸せにすること」は可能なのか？ のヒントが書いてあります。

なぜ、**あなた（B）**みたいな悪い男が彼女たちから「恋される」のか？ の答えや、あなたはあなた自身の孤独から卒業することは、できるのか？ のヒントも。

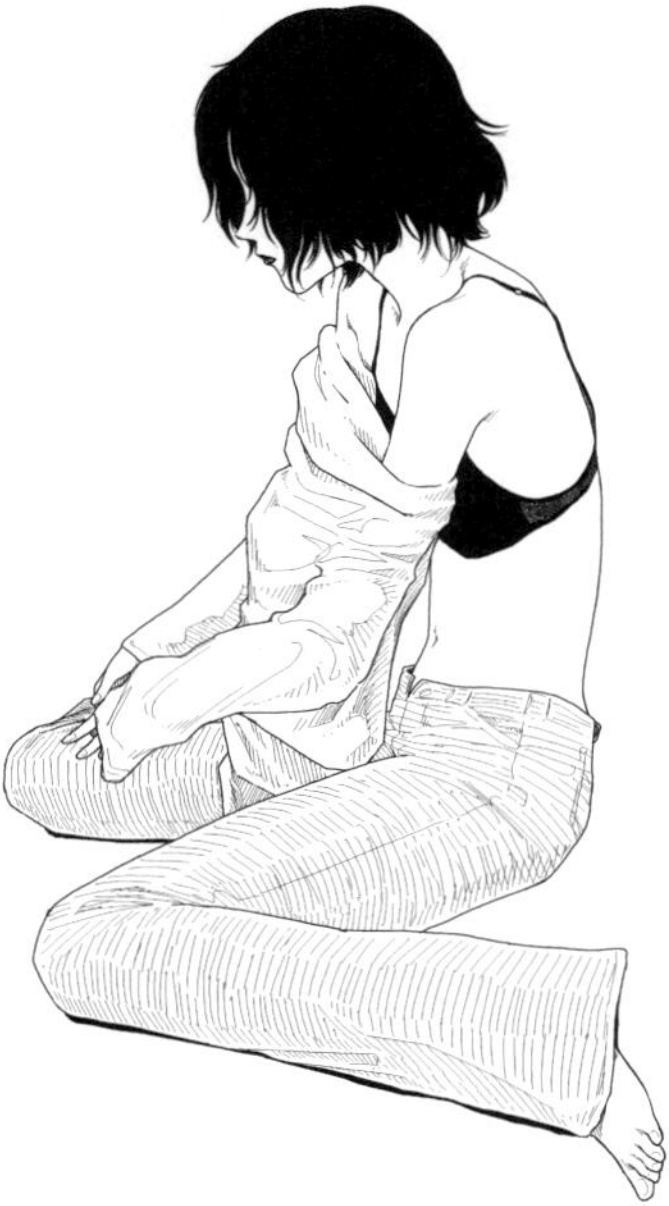

# この中に「あなた」か「あなたの友だち」はいますか?

「これ、私!」「これ、あのコ!」と思ったら、まずは「↓」のページを読んでみてください。

**愛してくれない人ばかり**好きになっちゃう。
↓
1-1

「**レベルが高い男**」が好き。
↓
1-2
2-4

**つまらない男にばかり**好かれてしまう。
↓
1-3

彼を**甘やかしてしまう。**
↓
1-5
9-3

私は**めんどくさい女**だ。
↓
2-3

私から好きになってつきあい始めるのに、彼が私を好きになったらもう興味がなくなってしまう。
↓
2-4

ひどい彼氏とやっと別れられたのに、また同じタイプの男を好きになっちゃった。

↓

3－1

薬を飲まないと眠れない。食べたものを吐いちゃう。手首を切っちゃう。

↓

3－4
8－6

彼は**私が嫌がることばかり**する。

↓

3－5

**あんなに好きだった**のに、どうして今は**こんなにムカつく**んだろう。

↓

3－5
3－6

彼に**選ばれなかった。**
私は「女としての価値がない」と思う。

↓

3－9

**メガネ男子**が好き。

↓

4

彼氏がじつは**オタク**だった。

↓

4

オタクを好きになったと思ったのにじつはヤリチンだった。

↓

4
10－2

いい感じの彼と2人っきりになったのに**セックスしてくれなかった。**

↓

4

**草食系男子**とつきあったら**エラそうに束縛**しだした。

↓

4

彼氏がじつは
オレ様だった。
↓
4
10−1

ヤリチンを
好きになっちゃった。
↓
4
10−2

彼は私には優しいけど
トラブルが絶えない。
（仕事・お酒・ケンカ・ギャンブル……）
↓
4

別れた彼が
ストーカーになった。
↓
4

気がつくと、彼に
振り回されている。
↓
5−6
10

嫌われるのが怖くて
ワガママや本音が言えない。
↓
6−1

親がキツい。
↓
6−2

彼が「結婚しよう」と言って
くれたのに、直前になって
逃げ出してしまった。
↓
6−3

お母さんが大好き。
↓
6−3

子どもを産み育てる
ことが怖い。
↓
6−6

私って
「都合のいい女？」
↓
7－1
10

セックスが
好きすぎる。
↓
7－2

「素敵な恋」や「理想のセックス」をしてみたいけど、私は「いい女」じゃないから、できない。
↓
7－3

セックスの時に縛られたり、叩かれたり、首をしめられたりするのが好き。
↓
7－4

インターネットでつい、彼とのことを書いたり、つい、彼の動向をチェックしてしまう。
↓
8－1

「女らしくしろ」
と言われるけど、できない。
↓
8－4

オナニーならイケるのに
セックスではイケない。
↓
8－5

長い間ぜんぜん恋をしてなくて、
すごく焦っている。
↓
9－1

別れた彼を憎んでしまう。
憎まないと別れられない。
↓
9－6

運命の人がどこに
いるのか教えてほしい。
↓
9－8

なぜあなたは「愛してくれない人」を好きになるのか　もくじ

## ［6章］ すべての「親」は子どもの心に穴をあける。 109

## ［9章］ 運命の相手は、どこにいるのか？ 181

［1章］

# なぜ、あなたの恋は「うまくいかない」のか？

1–1

# 冷たくされると、気になっちゃう？

あなたは恋をしていますか？

その恋を、楽しんでいますか？

もし、今している恋や、これまでしてきた恋愛が、つらくて苦しいものだとしたら。それは、どうしてでしょう。

苦しい恋をしていると、

「もっと私が、いい女だったら」

「もっと性格が良かったら」

「私って男運が悪いな……」なんて、考えちゃいますよね。

でもそれは、どれも間違っているんです。

苦しい恋にハマり中の女友だちを、想像してみてください。彼女は**「彼女を愛さない男を無意識に自分から選んで、好きになっている」**と思いませんか？

私の場合は、そうじゃない！　と言いたくなる気持ちもあるかもしれません。

でも、もし恋で苦しい思いをしているとしたら、その可能性は十分にあるのです。

心のどこかで自分を「ダメな女だ」と思っていると、あなたのことをなかなか受け入れてくれない男性や、あなた以外のことに夢中な男性が、とても魅力的に見えることがあります。

あなたが彼に惹かれたわけを思い出してみてください。

**「私に、何かを教えてくれそう」**

**「私をひっぱりまわして、知らない世界に連れてってくれるかも」**

そんな気持ちに心当たりはありませんか？

つらく苦しい恋への道のりは、相手と出会う前に「自分自身を嫌うこと」から、すでに始まっているのです。


**自分を嫌いだから「愛してくれない相手」に興味を持っちゃう。**

1−2

# 彼の「ダメ出し」は愛のムチ？

自分が嫌いで自信がない女性の中には、ダメ出しをしてくれる男性に**男らしさや頼りがい**を感じてしまう人もいます。

痛いところをズバズバ言い当ててくる手ごわい男性のことを、

「彼は、私のことを理解してくれている」

「私は彼を尊敬しているんだ」

「ダメ出しは愛のムチよね」

なんて思いこんでしまうのです。周囲から見たら「ただ冷たくて、彼女を傷つけるだけの男」だったとしても。

そんな彼から、ほんのちょっと優しくされたり、気のあるそぶりを見せられたりすると、舞い上がり、夢中になって、その恋にますますのめり込んでしまうでしょう。

むこうから「つきあおうよ」と言われ、「こんな私を、好きだと言ってくれるなんて！」と喜んで始まった恋でも、うまくいくのは最初だけ。やがて、彼を失うかもしれない恐怖から、何も言えなくなってしまったり、尽くしすぎてしまったり、嫉妬《しっと》に苦しんだり。心や体や生活や、いろんなことを彼に**支配される**ようになってしまう……。

でも、そんなのって、なんか変ですよね？

恋愛をつらくしてしまう原因は**「自分は女として、人間として、価値が低いんじゃないか」と心の底で思っている**ことにあるんです。

ダメ出しをしてくる男性に好意を持っていると、女性は「私に興味があるから、いろいろ言ってくれるんだ」と思うことも多いようです。しかし実際には、彼は彼女に興味があるのではなく、**彼女を自分に都合のいいように変えたいだけ**だったりします。

**必要な「愛のムチ」なんて、ありません。**

## 1–3

# 追いかけられると逃げたくなる？

「愛してくれない人」を好きになってつらくなるのなら、最初から「愛してくれる人」を選べばいいと思うのですが。

つらい恋愛の経験を持つ女性の多くが口にするのは「私を『好き』と言ってくれる人には興味が湧《わ》かない、好きになれない」というセリフ。なぜなんでしょう？

彼女たちが「好いてくれた相手を、好きになれない」のには、2つのケースがあります。**「見下《みくだ》し型」**と**「怖がり型」**です。

見下し型は「**この程度の男**に好かれて、つきあうなんてイヤ！　私は**自分よりも立場が上の男が好き**なのに」と、相手をバカにしてしまう場合。

「私なんかを好きになるような男は、女を見る目がない」とか「私には魅力がない。そんな私を『好きだ』なんて言うこの人は、バカなのかも。自分のことをよくわかっている私は、この人よりも頭がいい」と、つい思ってしまう。「この人は、私のタイプじゃない」と決めつけるのも、じつは心の中で相手を見下しているのです。

怖がり型は「好きになってくれたのは嬉しいけど、この人が好きになった私は、たぶん**本当の私じゃない**」と、相手の好意に向き合うことを怖がってしまう場合です。

「彼に自分のダメな部分を見せられない。本当の私がバレたら、嫌われちゃうかも」と不安になってしまう。「あの人は、私なんかには、もったいない」というのも、相手のことを怖がっているからです。

**見下してしまうのも怖がってしまうのも、**根本は同じ。**「自分のことが嫌い」だから**なんです。

自分自身を認めていない女性は、彼氏がいないことを「恥ずかしい」と思ってしまう場合もあるようです。

そういう人は「好きだ」と言ってくれた男性が、いちおう世間的に見てちゃんとしてたら（いい会社で働いてたり身なりがキレイだったり、まあまあイケメンだったりしたら）

拒絶しないで、つきあうこともあるでしょう。

でも結局は、だんだん彼に興味がなくなってきたり、だんだんイライラしてきて、やがて相手のことを憎み始めたり、ある日とつぜん自分から「ごめん、別れて……」と言ってしまったりします。


中には、今の自分を愛してくれそうな人は最初から無意識に「恋愛対象として見ない」ようにして、そういう相手が目の前にいて自分に興味を持ってるのに「その存在に気づかない」または「わざと無視する」人もいます。

そして、いつもブツクサ言ってるのです。「あ～、出会いがないな～！　誰かイイ男いない？　紹介してよ～」って。


いったい彼女は「愛されたい」んでしょうか「愛されたくない」んでしょうか？

もちろん「愛されたい」に決まってますよね……。

## あの彼をフッた時、あなたは彼を見下してた？　怖がってた？

1－4

# 恋と愛って、どうちがうの？

恋愛で苦しんでいる人には、もうひとつ特徴があります。
それは**「恋」と「愛」の区別がついていない**ということです。

恋愛とは文字どおり「恋」と「愛」という2つの要素から、できています。ところが、
それは**「恋愛」というコインの表に「恋」、裏に「愛」と書いてある**ようなもの。
その2つはまったく逆の「心の動き」なのです。

恋とは、なんでしょう？
「恋する」とは「相手を求め、自分のものにしたがる」こと。
つまり**恋とは、「欲望」です。**

では、愛とは、なんでしょう?

**「愛する」ということは「相手を肯定する」ことです。**

つまり相手が存在していることを、心から「いい」と受けとめることです。あなた自身の損得勘定とは関係なしに。

ただ、それだけです。

「他の人にとられるくらいなら、殺してしまいたい、不幸になればいい」と思うのは恋です。そして、それは愛ではありません。

恋と愛の、両方の感情があるから「恋愛」なのだと言うこともできます。

そして「恋したこと」が「愛すること」のキッカケになることもあるでしょう。

でも「自分で自分のことを嫌いな人」**「自分自身を受け入れていない人」**には、恋した相手を愛することも、愛せるような相手に恋をすることも、なかなかできないのです。

**「恋」は「愛」とは真逆のものです。**

# 1-5 「愛すること」って、尽くすこと？

よく「愛とは、与えることである」とか「自己犠牲である」という言葉を聞きますが、自分を嫌いな女性ほど、これをそのまま鵜呑《うの》みにしてしまう傾向があります。

「与えることが愛情だ」と思いこんで彼に尽くしまくった結果、ひどく傷ついている女性が、あなたの周りにもいませんか？

恋人を甘やかして、彼のムチャクチャな要求に応えつづけたり。**侮辱《ぶじょく》されたのに彼が謝らなくても、許してしまったり。**無理をして金品を貢いでいたり、肉体的・精神的な暴力を受け続けていたり。

それでも「いつか彼が変わってくれるのを信じている。彼を『まとも』に変えてあげられるのは、私の愛だけ」と思ってしまう。

そういう女性は、**自分が傷つけられることでしか「恋愛しているという実感」を得られなくなってしまっている**のかもしれません。

あなたも、自分がガマンすることが「彼を愛することだ」と勘違いしたり「彼を変えてあげられるのは、私だけ」と必死になった経験はないでしょうか。


でも、それは「相手を愛している」ことには、なりません。

なぜなら、自分の心の底にある本音や望みをおさえつけ、彼が「いつかわかってくれる、変わってくれる」ことに期待して、無理やり許しているからです。

いずれ彼女の心は限界に達し、かならず爆発するでしょう。

本人も「愛だと思って、彼のために」していることは、**じつは「彼を失うのが怖い」から自分のために**しているのです。

それも「恋」です。愛ではありません。


「愛せる」とは、相手を「そのままの姿で、認めることができる」ということです。

## 耐えることは、愛じゃない。

# ［2章］

# 「恋する女は美しい」は、嘘。

## 2－1

# 女性誌が女に「恋をさせよう」とする理由。

女性をターゲットにしたファッション誌やウェブサイトには「恋する女は美しい」とか「愛されメイク」といったフレーズが、ひんぱんに出てきます。

やたらと目にする「恋愛特集・セックス特集」でも、イケメン俳優や芸人さんやモテ系文化人が「理想の女性像」を語ってますよね。

このような雑誌やサイトの特集によって、求められやすい女性のタイプや、男性が興奮するポイントが、世の女性たちに知れわたりました。

でも、そんな情報を得すぎたせいで、感じなくてもいいストレスを抱える女性が増えているのではないでしょうか。

「こうすればもっと男性を惹《ひ》きつけられる！」と、むりやり男目線に自分を合わせようとしたかと思うと、

「でも私は男性が望むような**かわいい性格**には絶対なれないし、**ちゃんとした家事**も、**すばらしいセックス**も、できない……」と落ち込んだり。

ついには、自分の苦手なことを要求する「男性の一般論」を憎んでしまったり。自分が混乱させられていることにさえ、気づかない人もいます。

女性の味方であるはずの雑誌やサイトが、どうして、わざわざ彼女たちを苦しめるようなことを書いてしまうのでしょうか？

女性向けメディアというものは、女性に服や化粧品を売るための「広告」だからです。

記事の本文も、じつはすべて広告の一種なんです。「愛されたい」という**女性のナルシシズムを強めて「恋をさせる」**のが、服や化粧品を買ってもらったり、デートで外食したり、旅行してもらうことに、つながるからです。

広告であること自体は「よい」とか「悪い」とかいうことでは、ありません。もともと、おしゃれ女性誌というものは「そういうもの」なんですから。

**多くの女性誌は「恋してる（恋したい）女性にモノを売る」ための広告。**

## 2−2

# 「自分を好き」には2種類あります。

「恋する女は美しい」というフレーズは、すべての女性にあてはまるわけではありません。

たしかに女性は恋をすると、最初は一瞬とても綺麗になります。「好きな人がいる」という イキイキした気分が、外見にも反映されるのでしょう。

でも「自分で自分を受け入れていない女性」が恋してしまうのは、彼女を愛さない男性です。やがて彼女は嫉妬や苦しみで、疲れていきます。

**自分を受け入れていない女性は、むしろ「恋をすることでダメになっていく」**のです。

そこで女性誌やウェブサイトの恋愛特集では「まず自分を好きにならないと、幸せな恋は、できません！」というフレーズも、くりかえし語られます。

それを読んだあなたは、一生懸命「自分を好きになろう！」と、したかもしれません。

でも、どこかに息苦しさを覚えませんでしたか？

じつは**「自分を好き」という言葉には正反対の2つの意味があります。**

その「ちがい」を女性誌では説明してくれませんが、それをきちんとわからないまま「自分を好きになろう」としていると、どんどん苦しくなる悪循環に陥《おちい》ってしまうのです。

2種類の「自分を好き」とは、**「ナルシシズム」**と**「自己受容」**です。

誰でも「もっと美しくなりたい」「より良い自分に、なりたい」という向上心を持っています。その「向上心のみなもと」もナルシシズムです。

「もっともっと」と、今の自分に足りないものを求めつづけさせる**ナルシシズムは、いってみれば「自分への恋」**なのです。

**ナルシシズムで「がんばりすぎる」と、疲れます。**

2-3

# ってことは、私も「ナルシスト」？

自己受容とは「私は、このままでいい。無理しなくても生きていける」と、**ありのままの自分を認めて受け入れる**ことです。

**ナルシシズムが「自分への恋」**だとすれば、**自己受容は「自分への愛」**だと考えると、わかりやすいでしょう。

あなたが今まで恋愛やセックスで苦しい思いをしつづけ、なんだかいろいろとうまくいかなかったとしたら、それはナルシシズムの意味で「自分を好き」すぎたからなのです。

というと「私はナルシストなんかじゃない！」と思う人もいるかもしれませんが、なにも「いつも鏡を見てウットリしてる人」や「自分の話ばかりして、相手の話を聞かない人」だけがナルシストなのではありません。

**あなたは「負けず嫌い」か「じつは、とてもガンコ」か「めんどくさい女」じゃないですか？** それも、あなたのナルシシズムなんです。

「私は自分が好きなのに、同時に、すごく自分が嫌い」と思ったこと、ありませんか？

これは矛盾《むじゅん》しているようですが（そしてあなたは「私って、なんて『あまのじゃく』なんだろう」って思いつづけてきたことでしょうが）じつは矛盾してないんです。

**あなたが「自分を好き」なのはナルシシズムの意味で好きなのだし、「自分を嫌い」なのは自己受容できていないという意味で嫌いなのです。**

そして（例外もありますが）たいてい**「自己受容していない人ほど、ナルシシズムが強い」**のです。

## 「自分を認めて、愛すること」が自己受容。

# 自分が好き？　自分が嫌い？
## ～ナルシシズムと自己受容～

自己受容とは「自分を受け入れて、愛してあげる」こと。

自己受容していない人ほどナルシシズムが強くて、つまり自分が好きで、でも自分を愛していない。

ややっこしい話ですよね……。

そもそも昔の人が「ナルシシズム」を日本語にするときに**「自己愛」**と訳したのも、混乱のもとになったんじゃないかと思います。ちなみに中国語では、ナルシシズムを**「自恋」**と訳したそうです。

英語には「セルフ・リスペクト　self respect」という言葉がありますが、これも**「自尊心」**と訳すと、意味をまちがえてしまいます。「自尊心が強い人」という言葉を「プライドの高い人」という意味で使うこともあるからです。

「プライドが高い」というのも「ガンコ」と同じでナルシシズムの一種です。
自己受容してない人が、**弱い自分を守るためにナルシシズムを強くしているのです。**

恋愛も、自分磨《みが》きや女磨きも、がんばりすぎると「がんばっている自分が好き」な女性はナルシシズムだけが強くなっていき、どんどん目標は高くなって、それに向かって「がんばること」自体が目的になってしまったり。

努力の結果「いい女」や「料理上手な女」や「セックスが魅力的な女」になれて男性から恋されたとしても、それは「がんばっている私」がモテているだけであって、**「本当の私」が愛されているわけではない**、と感じてしまったり。

そんな違和感を持ったあげく、やがて、やっぱり悪い男に惹かれてしまったり、また自分で自分の「いやなところ」を見つけだして、自分を許せない苦しさに悩むようになったり。

自己受容できるようになると、ナルシシズムにとらわれず自分のことも相手のこともちゃんと見えてきます。自分には最低限「何が必要なのか」がわかるから、他人にも自分にも「求めすぎない」でいられるんです。

自分を受け入れていると相手が「何をして欲しいのか」も理解できて、自然と手をさしのべることができます。それも相手に必要な分だけで、よけいなことはしません。

だから、人からも愛されるようになります。

では、ナルシシズムというものは「苦しみしか生まない、あってはいけないもの」なんでしょうか？

恋が「相手への欲望」であるのと同じように、ナルシシズムは「自分への欲望」です。

どんな人間にもナルシシズムはありますが、「あの人、悟っちゃってるよねー」とか言われちゃう人は、ナルシシズムがそうとう弱くなってる人なのかもしれません。

ナルシストなのに周りを不愉快にさせず、むしろ面白い人っていますよね。そういう人は「ナルシシズムも強いのに、自己受容も、できている」のです。

**ナルシシズムも必要なだけ持ちながら自己受容しているのが「生きていきやすい人」です。**ナルシシズムが完全にゼロの人は「生きがい」がなくなってしまい、きっと生きていくことができません。

だからナルシシズムは、あるのは仕方がないし「あっても、いい」んです。強くなりすぎて、それに本人や周囲が苦しめられさえしなければ。

# 2−4 つらいのは「今の自分を受け入れていないのに、ナルシシズムが強すぎる」から。

あなたが「今の自分」を好きになれなくて（自己受容できなくて）、**あなたに恋してくれる人を愛せない**のは、なぜでしょう。

それは、あなたが「今より、もっと幸せになりたい」と願いつづけていることに原因がありそうです。

もちろん「幸せになろうとする」のは悪いことではありません。ただ、ここでちょっと考えてみてほしいのは、あなたが思う「もっと幸せ」が、いったいどんな幸せなのか、ということです。

あなたはそれを「いい女になって、いつか出会うはずの『私が好きな理想の男性』から愛される。そこから始まる幸せ」と思っていないでしょうか？

自分の気に入らない部分（容姿や性格や、現在の生活など）を受け入れられないあなたは**「理想の彼の隣にいる、未来の自分」**に、**憧**《あこが》**れているのではありませんか？**

「私は、頭の中にしか存在しない『理想の彼』じゃなくて、実在する男性に恋をしてる」という人も、つまりは同じこと。

あなたが恋している男性は、彼が「あなたを愛さないでいる」かぎり、理想の男性であり続けるでしょう。

ところが、もし彼が「今のあなた」を愛し始めてしまったら?

たとえ、彼がどんなにイケメンで、お金持ちで、優しかったとしても、あなたが自分を愛せないでいるかぎり、やがて彼から逃げ出したくなってしまうはずです。

つまり、あなたは自分の「理想とする男性像」を、実在する「自分を愛してくれない男性たち」に投影しているだけなのです。

「その彼と一緒にいる、未来の自分」を求めつづけるナルシシズムが、今のあなたを苦しめている犯人なのです。

## あなたのナルシシズムが、あなたの恋を苦しいものにしている。

## 2-5
# 「さっさと結婚して子ども産んじゃえば、幸せになれる」も、嘘。

恋に苦しんでいる女性は、それを見かねた「人生の先輩」から、

「男の選《え》り好みしてないで、とにかく適当な男と結婚して、とっとと子ども産んじゃいなよ。産めば、わかるから……」

とアドバイスされることが多いようです。

そして悪い男にばかり恋してしまう自分に悩みつづけてきた、いわゆる「男運が悪かった」女性が、ある日とつぜん「それまでの悪い男たちと全然ちがうタイプの男」の子どもを妊娠しちゃって結婚！　出産！　気づいたら、すっかり「いいお母さん」になって幸せに暮らしてる！　という実例を、たしかに僕も何人も知っています。

けれどその一方で、めでたく「まともそうな男性」と結婚・出産して、周囲からは幸せそうに見えるのに、

「女として現役じゃなくなるのが怖い」

「家事や子育ての重圧から解放されたい。完璧にできない罪悪感が苦しい」

「夫を尊敬できない」

「本当は、もっと自由に、外で『仕事』がしたかった」

などなど、じつは今の自分や生活に「不安」や「不満」や「違和感」を抱きつづけながら暮らしている人も、少なくありません。

一見なんの問題もないように見えるのに、本人にしかわからないストレスから鬱《うつ》になったり、子どもを虐待《ぎゃくたい》したりするお母さんも、たくさんいます。


結婚すれば「恋」が自動的に「愛」に変わるというわけではないのです。


結婚や出産をして「幸せになれた人」と「なれなかった人」では、何がちがっていたのでしょうか?

僕が知ってる「結婚で幸せをつかんだ女性」は、「理想の男性を見つけ出した」わけでもなければ「好みを妥協して適当な男と結婚したら、たまたま運が良く、幸せになれた」わけでもありません。

彼女は、それまで彼女をとらえていて放さなかったナルシシズムから、ある日、解放されたのです。

つまり**「理想の男性＝彼女を苦しめる男たち」への恋心と決別できたん**です。

未来の自分に恋することをやめたら「目の前の人を受容し、愛すること」が、できた。

そしたら、追い求めてきた「理想の男性」ではない男性が、彼女にとっての素晴らしい夫に、なったのです。

「出産したから恋をやめられた」のか「恋をやめたら結婚できた」のか、順番はわかりません。でも彼女は**どこかのタイミングで「自己受容した」のでしょう。**


一方、結婚しても妊娠しても出産しても、やっぱり満たされない女性たちは、ずっと自己受容できないままナルシシズムにとらわれつづけているのかもしれません。

相手を、自分でも気づかないうちにバカにしたまま、世間の言う「幸せ」を求めて結婚してしまったのでしょう。「何か」を求め続けていることを心の底に隠しながら。

## 「結婚できれば大丈夫！」ってワケじゃない。

## 「産めば幸せになれるよ」の意味

人生の先輩たちの「産めば落ちつくよ」というアドバイスの意味を、あなたはなかなか理解できなかったかもしれません。でもそれは、その人たちも自分がするアドバイスの本当の意味をわからないで言っている部分もあったからでしょう。

それは**「いつまでもナルシシズムにとらわれていると、自己受容できないよ」**という意味だったのです。

たしかに昔の社会では、女性は「いつまでも恋に恋してないで、結婚をして子どもを産んじゃえばとにかく忙しくなるし、自分が産んだ子どもというわけのわからないものを愛さざるをえなくなるから、ナルシシズムにしがみついてる暇なんかなくなり、それで幸せになりやすい」という傾向が、ありました。

しかし今は、社会の状況がちがいます。「結婚・出産さえしちゃえば、ナルシシズムを捨てられる」というアドバイスは、悩める女性にとっての最後の切り札では、なくなってしまったのです。この問題は5章で、あらためて説明します。

## 2-6
# 恋って「しちゃう」ものですよね。って言われても、

ナルシシズムにとらわれている女性は、つらい恋にハマったとき、頭では「この恋をやめて、私を愛してくれる男性と結婚した方が、楽だろうな」とわかっていながら、なかなかやめることができません。

「あんな男、別れなよ」と友だちから忠告されても、自分の感情を殺して耐えてしまったり、彼の気を引こうと思わせぶりなことをしては、自己嫌悪したり、別れても未練が残って、ますます苦しい思いをしてしまう。

しかも、やっと別れられたと思ったら、また新たな「ダメ男」や「悪い男」を好きになってしまったなんてことも……。

なによりもしんどいのは、

「こんなつらい恋をやめられないなんて、私はダメな女だ」

「ありのままの自分を受け入れられない私は、恋愛しちゃいけないのでは?」

「また『お酒を飲むと暴力をふるう人』を好きになっちゃった……」

と、自分を責めてしまうこと。

その結果ますます自己受容することが難しくなり、「恋する自分」を追いつめてしまうことになりかねません。


だけど、恋って「しよう」と思ってするものでは、ありませんよね?

たとえそれが苦しい恋になりそうだとしても「どうしても、しちゃうもの」なんです。


いつも「つらくて苦しい恋愛」を繰り返してしまうのなら、自己受容がうまくできないあなたの恋のしくみを、一緒に見直していきませんか。

いったい、あなたは「恋に何を求めて」いるのでしょうか?

## あなたの心の中の何が、あなたに「つらい恋」をさせているのか?

［3章］

# 恋しても「心の穴」は埋まらない。

3－1

# 自己受容してない人は、恋愛の相手を使って「自分の心の穴」を埋めようとする。

好きになった相手と、つきあうことになったり一緒に住み始めたりすると、最初は、まるでパズルのピースが「自分の心の欠けている部分」にピタッとハマったような快感を覚えることがあります。

「この人こそが私の運命の人だ！」と感じることもあるでしょう。

ところがしばらく時間がたつと、相手が自分のしてほしいことをしてくれなかったり、言ってくれなかったりして、だんだん不満や不安を感じるようになってくる。

一人だった時より、もっと「さみしさ」がつのる。

相手が自分から離れていく可能性を考えてしまったり。

そうして二人の歯車が狂い始め、恋の終わりを迎えたとき、あなたは、

「やっぱり運命の人は、この人じゃなかった……」とか、

「彼の愛は冷めた。彼は変わってしまった」とか、

「私の何がいけなかったのだろう？　彼に尽くさなかったから？　それとも尽くしすぎて、うっとうしがられたから？」

などと、考えるかもしれません。


でも、そうじゃないんです。

恋が次第に息苦しくなっていくのは、相手の存在を使って「自分の心の欠けている部分」を埋めようとしているからなんです。


「え？　恋愛って、そういうものなんじゃないの？」

「彼の愛情で、心のすきまをふさいじゃ、いけないの？」

と思う気持ちもわかりますが、ちょっと待って。

自分の心のまんなか、あなた自身の中心に「ぽっかり、穴があいている」のをイメージしてみてください。

あなたの「生きづらさ」や「さみしさ」、劣等感、不安、嫉妬、憎しみ、罪悪感といった、**自分ではコントロールすることができない**感情や考えが、その穴から湧いて出てきているのを想像してみてください。

それが、あなたが埋めようとしている穴です。

「恋人ができれば、この『さみしさ』から解放されるんじゃないか」
「誰かが私を愛してくれれば、コンプレックスを意識しないですむのに」
「あの人と結ばれれば、私は『なりたい自分』になれるかも」

心のどこかで、そう思いながら恋をしているとしたら、あなたは自分の心の穴を忘れたくて、恋の相手の存在を穴の中に詰めこもうとしているのです。

でも、どんな相手であっても、現実に生きている一人の人間である以上、あなたの心の穴にピッタリはまって、ふさいでもらうのは不可能です。

すきまが空いてしまうこともあるし、彼の存在が「あなたの穴」からはみ出すことだってあるでしょう。

恋愛することで「さみしさ」を感じなくなるのも、自分のネガティブな部分を忘れて「より良い自分」になれたと思えるのも、錯覚にすぎません。

むしろ、**心の穴を埋めるために恋愛をしていると、かならず「しっぺがえし」をくらいます。**

「心の穴を埋める」ということは、自分が自分を受容していないのをごまかして、苦しみを相手のせいにすることだからです。

## 心の穴を完璧に埋めてくれる相手は、どこにもいない。

## 3－2

# 心の穴からは「さみしさ」や「欠点」だけじゃなく「あなたの魅力」も湧いてくる、のに。

心の穴からは、あなた自身を苦しめるネガティブな感情や、知らず知らずのうちに人を傷つけることをしてしまう「心のクセ」が湧いてきます。そのため、あなたはそこを自分の欠陥部分だと感じて、つい、ふさぎたくなってしまうかもしれません。

でも、心の穴というものは「あなただけ」または「ダメな人間だけ」にあいてる欠陥ではないんです。

周囲の人から好かれている「いい人」にも、お金持ちで学歴があって異性にもモテていて、コンプレックスがないように見える人にも、「私は普通の人だ」と思っている人にも、すべての人の心に穴はあいている、と考えてください。

誰でも、自分ではコントロールできない「感情や考え方のクセ」は湧いてくるんです。

幸せそうな人には、心の穴がないように思えるかもしれませんが、そうではありません。自分を愛すること（受容すること）ができてる「幸せそうな人」とは、**自分の心の穴をふさいだり無理にコントロールしようとしたりせず、おりあいをつけている人**なのです。

心の穴から湧いてくるものは、ネガティブな感情だけではありません。他人から見た**あなたの魅力**も、やはり心の穴から生まれてきます。

たとえば「嫉妬深い人」がいたとします。でも、それが良い方向にでたら「情に厚い人」になります。

「私は、冷たい人間だ」と思っている人が、他の人からは「サッパリしてて、つきあいやすい人だ」と思われてるかもしれません。

あきっぽい人は、それだけ一瞬一瞬の愛情が濃い、とも考えられます。

自分では欠点だと思っていることが、誰か人の役に立っていたり、人を楽しませていたりすることがあるのです。

**あなたの魅力も欠点も、心の穴から生まれている。**

3－3

# 心の穴は、どうあつかえばいいの？

心の穴のかたちは一人一人、ちがいます。

それは、良くも悪くも「他人から見たあなたの性質そのもの」です。

あなたが「自己受容できるようになるために、するべきこと」は、恋人の存在を使って心の穴をふさごうとすることではなくて、まず**「自分の心の穴のかたちを、ちゃんと知ること」**です。


同じ出来事だったとしても、それを「どうとらえるか」は人それぞれ。その人の心の穴のかたちによって、ちがってきます。

たとえば恋人の浮気を、あなたが知ったとします。

平静をよそおう人もいれば、号泣してしまう人、激怒する人、友だちにグチる人、とつぜん彼の前から姿を消してしまう人だっているかもしれません。

あなただったら、どうしますか？

心の穴の「かたち」というのは「こういう状況だと、こういう気持ちになる。こう行動してしまう」という、感情や考え方のクセのことです。コントロールできない感情・行動だけでなく、**自分でコントロールできていると思ってる部分**もふくめて。

恋愛の場面にかぎらず、自分は「どんな目にあうと、どんな気持ちになるのか」「どんな人から、どんなことをされると、どんな反応をするのか」を、見つめてみましょう。

他人から見た自分には「どんな欠点があって、どんな魅力があるのか」を冷静に考えてみましょう。

穴を「ふさごう」とせずに「かたちを知ろう」とする。

かたちが分かってくれば、やがて心の穴は、あなたを以前ほどには苦しめなくなっていくはずです。

それが「自己受容できるようになっていく」ということなのです。

「人間は結局、変わらないよ」と言う人がいます。

これは、心の穴というものは「ふさぐことはできない」ということを指しています。

あなたには欠点がありつづけるし（でも、魅力もありつづけます）そして結婚をしても子どもを産んでも、なんらかの「さみしさ」は感じつづけるでしょう。


反対に「人間は、変わることができる」と言う人もいます。

これは、心の穴を「ふさぐことはできないけれど、その存在に苦しめられないように、なることはできる。そして、あなたが苦しまなくなることで、周囲との関係も良い方向に変えていくことができる」ということを言っているのです。

## 穴は「ふさぐこと」はできないが、かたちを変えていくことはできる。

3－4

# 「自分の欠点」は直さなくていい。むしろ「罪悪感」が相手を傷つける。

自分の欠点だと思うところは、むりやり直そうとしなくていいんです。

「欠点というのは、なるべく直さなければいけない」「人間は成長しなければならない」と思いこんでいる人が多いですが、それは子どものころに親や学校から受けた「教育」をいまだに引きずっているだけです。

あなたの欠点そのものが人を傷つけたり迷惑をかけたりしてることって、じつは（あなたが思っているほどには）そんなにない。

人に迷惑をかけちゃったときに、ちゃんと適度に反省して、でも罪悪感を持ちすぎないで「同じマチガイは、なるべくしないようにしよう」と思うようにしていれば、あなたの心の穴は、だんだん人に迷惑をかけなくなっていきます。

ほんとは「欠点そのもの」よりも、あなたが**自分の欠点について抱いてる劣等感や罪悪感といった自己否定の気持ちの方が**はるかに他人にとって迷惑だし、しばしば**人を**（とくに「あなたに恋をした人」や「あなたを愛してる人」を）**傷つける**のです。

だからといって開き直って、わざと無神経に「心の穴」を押しつけるような迷惑を周囲にかけるのはダメですよ。

それは「自己正当化」といって、インチキの自己肯定です。自己受容の真逆にあるものです。

そもそも「欠点を直したい」という思いだって、「嫌われたくない」「見捨てられたくない」というナルシシズムが、もとにあるんです。

もちろんその感情も「心の穴」から湧いてくるものですから、否定はしなくていいんです。くりかえしになりますが、ナルシシズムは消せるものではないし、消さなくていい。

ただ「ああ、私の劣等感や罪悪感や自己正当化って、ナルシシズムなんだな」ということを、わかっていればいいのです。

恋愛にかぎらず、いろんな場面での「自分の反応のしかた」を知ることが「自分の心の穴のかたちを知ること」の第一歩です。

ただし。

「あたしB型だから」とか「私、けっこう嫉妬ぶかい方……」とか言うことで「自分のことがわかっている」と思うのは、タイプを分類して「私は、そういう人なんで、わかってくださいよ～」と相手に押しつけているだけです。

それは「自分を知っている」のではなく、会話のネタていどのことであって、あんまり自分を受け入れることにはつながっていきません。

**罪悪感も劣等感も自己正当化も、ナルシシズム。**

## 3−5 彼にも、心の穴がある。

あなたに心の穴があるように。もちろん、あなたが好きになった「彼」の心にも、穴はあいています。

あなたが恋をしたり、つきあっていくうちに、相手が「いやなこと」をして、あなたを苦しめ始める場合があります。

日常的にイヤミを言ったり、攻撃的な命令をしたりといった、言葉の暴力。
仕事や友だちとの約束を優先して、連絡が取れなくなったり、会えなくなったり。
あなたにバレるような浮気をしたり、わざわざ他の女性との関係をほのめかしたり。
高圧的に支配しようとしたり。つきあってるのに、何もしてくれなかったり。
(彼は、あなたを傷つけることで、自分の心の穴を埋めようとしているのです)
そんなことがくり返されるうちに、あなたは「あんなに好きだったのに、どうして今はこんなにムカツクんだろう」と思うようになっていくことでしょう。

「すてきな人だと思ったから好きになったのに、私に見る目がなかった……」と考えることもあるかもしれません。

あなたを傷つける「彼も悪い」んですが、じつは、それだけではありません。

自分では欠点だと思っていることも、人から見れば魅力的に映ることもある。

あなたの心の穴から「あなたの魅力と欠点」が同時に出てきているように、あなたが彼を好きになった「魅力的な部分」も、「あなたを苦しめる部分」も、同時に彼の心の穴から生まれています。

**「同じもの」を、ちがう角度から見ていることに気づいていないだけ**なのです。

たとえば、彼が「まったく束縛《そくばく》しない人」だったとします。

あなたは「私のことを尊重してくれる」と感じるかもしれませんが、彼の本音は「自分が自由でいたいから」かもしれません。

「君の好きにしていいよ」と言ってくれることが最初は嬉しかったのに、だんだん「何も決めてくれない人、無関心で無責任な人」と不満を感じるようになってしまう。

あるいは、あなたが「彼の優しさに魅力を感じて、恋をした」とします。その後「彼が他の女性に優しくしてることに嫉妬した」としたら、その「恋」と「嫉妬」は、ようするに同じことです。

「女の子になら誰にでも優しい男性」じゃなくて、もし「あなたにだけ優しい男性」がいたとしたら、その人は「あなたに恋してる」か「あなたを愛してる」かの、どっちかです。でも自己受容していないあなたは「そういう人が理想なの!」と口では言いながら、いざ「そういう人」がほんとに現れたら、その男性をバカにするか、逃げるか、どっちかでしょう。

あなたが彼に惹かれた部分と、どうしても許せない部分を思い出してみてください。じつは、その2つの根っこは同じじゃないですか?

## 彼の「魅力」と「悪いところ」は同じもの。

## 3－6

# 自己受容していない人にとって、恋と憎しみは同じである。

あなたが「彼に恋をした」ということは、あなたが「彼にあいてる心の穴に、反応した」ということです。

彼の特徴で、あなたが「気に入ってる」か「気になってた」ところは、あなたが自分で気づいていない**「自分に『ない』と思ってる」ところか「自分と似た」ところ**です。

彼が最初はその部分をポジティブに出していたので、あなたは彼が欲しくなってしまったのです。

でも「彼の魅力的なところ」は、かならず裏返しの「彼の悪いところ」であり「あなたを苦しめるところ」でもある。彼が見事に「あなたがされたら、いやなこと」をしてしまう（あるいは、わざとする）のは、そのためです。

あなたが「私の心の穴にピッタリはまって、穴をふさいでくれるんじゃないか」と思える人ほど「あなたの心の穴の、苦しい部分」を刺激してくる人でもあるのです。

あなたを苦しめてるものは「彼」ではなくて「あなた自身の心の穴」なんです。

同じように、彼があなたとの関係で苦しんでいるとしたら、彼を苦しめてるのは「あなた」でなく、あなたに反応してる「彼の心の穴」なんです。


「いつのまにか、恋が憎しみに変わる」のでは、ありません。恋の相手に「心の穴を埋めてもらおう」としている人にとって「恋すること」と「苦しめられること、そして憎むこと」と「傷つけて苦しめること」は、最初から同じものなんです。

自己受容しようとしてない人、しようとしてもなかなかできない人の**「恋」という感情の中には、初めから「憎しみ」が含《ふく》まれているのです。**そのことに感覚的に気づいた人が「もう恋愛は、しばらく、いいや……」なんて、恋に疲れてしまうのかもしれません。


**恋の相手を憎んじゃうのは、心の穴の「苦しい部分」が反応して始まった恋だから。**

3－7

# フラれたとたんに、追ってくる彼。

女性を苦しめていたダメな彼氏が、ついに限界に達した彼女に「もう別れて……」と切り出されたとたん「やっぱり君のことが好きなんだ。帰ってきてくれ！」と言い出すこと、よくありますよね。

さんざん彼女を傷つけてきたのに、今度は彼の方が焦《あせ》って、追いかけ始めるわけです。

でもそれは、彼が「改心した」のではありません。ドラマの登場人物のように「本当は彼女をいちばん愛していたことに、やっと気がついた」わけでもありません。本人はそう思って自分に酔ってるかもしれませんが。

彼はただ「心の穴を埋めてくれそうな相手を失うことが、イヤなだけ」なのです。

あなたが「彼に恋すること」で心の穴を埋めようとしているのと同じように、あなたをちゃんと愛さない彼も「恋されていることを逆手にとって、あなたを傷つけること」で、自分の心の穴を埋めようとしているんです。

それは**彼も自己受容してなくて、自分の心の穴を持てあましている**からです。

よく「意中の男性に誘われたら、いったん気のないフリをして、追っかけてきたところを捕まえなさい」なんてアドバイスする人、いますよね。

たしかに「自己受容していない男性」にとって、その習性は真実なので、駆け引きに使うことはできるかもしれません。しかし「追えば逃げる、逃げれば追う」という彼との間には、お互いを受容しあう「愛」はありません。

「あなたを愛してくれない彼」に恋しているあなたも、あなたを傷つける彼も、**心の穴を埋めるために相手を「使っている」という意味で、同じことをしている**のです。自分の心の穴が、どういうふうに相手に反応して「おたがいを苦しめあってるのか」を見ようとしないまま。

同じことをしているんですから、恋を「する方」と「される方」は、簡単に入れ替わるんです。と、ここまで読んで「そっか、彼と私は、同じようにダメな人なんだ。一緒じゃん！」と思って喜んじゃう人も、いるかもしれませんね。そこ、喜ぶとこじゃないです。

もし彼が「自己受容しようとしてる人」だったら、自己受容しようとしてない「あなたの**めんどくさい恋**」には応じず、あなたはフラれるでしょう。

「この人（あなた）は、恋することで自分の心の穴を埋めようとしているな」ということやその恋を受け入れると「いつかかならず、おたがい傷つけあうようになる」ことが、無意識のうちにわかっているからです。


でも、そんな彼にフラれた時、あなたは「くやしい」かもしれませんが「自分の存在のすべてを否定されたような、ひどい傷つき方」は、しないでしょう。

自己受容しようとしている人なら「あなたとつきあうことはできなくても、あなたの存在は肯定しよう」とするからです。

**心の穴を埋めるための恋愛をしていると、**

**「好き」と「大嫌い」は入れ替わる。**

**「恋してる」と「恋されている」も入れ替わる。**

# 3－8

# あなたが「本当に求めている」こと。

「彼のことを、こんなに好きなのに。なぜか彼は私を大事にしてくれない」とか。

「いろんな（私のタイプじゃない）人から恋されるけど、私が愛して欲しいように愛してくれる人は、いない」とか。

「私は他人を愛せない」とか。

「私は情が深くて、愛が激しくて、いろんな人を（恋愛の相手にかぎらず）たくさん愛しているのに……、なぜか人からは愛されない」とか。

女性の、恋愛に関する悩みは、いろいろです。

女性だけじゃなくて、同じように悩んでいる男性も、たくさんいます。

自己受容してない人たちが他人に求めているのは、じつは「恋されること」でも「恋することと」でもありません。「愛されること」です。

なのに、ついつい「自分磨き」に夢中になりすぎたり「彼のためのセックス」をしたり、「モテること」や「恋すること」を、がんばってしまう。

がんばれば「がんばっただけ愛されるはず」と信じているからかもしれません。でも、そんなあなたは、自分の「愛されたい」という気持ちが本当は「いったい何を望んでいるのか」を深く考えたことはないんじゃないでしょうか。


「愛されたい」ということは**「君は、今の君のままで、いいんだよ」と受容されたい**ということです。

自己受容してなくても、どんなに「より良い自分」になりたがってるとしても、あなたは本当は、今のままで受け入れられることを望んでいるんです。

そのことに気づくと、あなたを愛さない（肯定・受容しない）相手を求めていることが、バカバカしくなりませんか？

## 本当は「このままの自分」で受容してほしい。

## 3-9

# あなたが「愛されるか、愛されないか」は、何で決まるか。

相手を求めつづけることで自分の心の穴を埋めようとしていると、相手を受容する余裕がなくなります。

だから**「恋をしている間は、その相手を愛することはむずかしい」**のです。

じつは相手だって、あなたと同じように「そのままで、いいんだよ」と受け入れてもらいたい（愛されたい）のですから、自己受容できていない二人の恋愛は、綱引きをしているようなものです。

「私には、あの人が必要なんだ！」「私は、あの人を強く愛してる！」と思っている人のほとんどは、相手を愛せていません。**ただ「求めて、執着《しゅうちゃく》している」だけです。**

自己受容している人は、相手からも愛されるし、相手のことも「自分を愛するのと同じくらい」愛することができます。

じつは2章でお話しした、恋愛の自己啓発でよく書いてある「自分を好きにならないと、幸せな恋はできません！」というのは、

「自分を受け入れないと、相手からも肯定されないよ」という意味だったのです。

逆の立場で考えてみてください。あなたが誰かを「肯定した」とします。

あなたはその人に「あなたはステキだね」と伝えますが、その人が、かたくなに「私なんかダメ」と否定しつづけたら、どうでしょう？

それを何度もくり返していると、だんだん、その人を肯定する気が失せていくのではないでしょうか。

あなたが人から「恋されるけど　または、セックスは求められるけど　愛されない」としたら、あなたが「自分に恋をしていて、自分を愛せていない」からです。

「自分自身に恋しているけれど、自分自身を愛していない人」は、相手から「恋は」されますが「愛される」ことはありません。

「愛されていても、その愛を感じることができない」という言い方のほうが適切かもしれません。

**人間は、自分で自分をあつかっているようにしか、他人からもあつかわれないのです。**

じつは、他人は「あなたが人には、しないこと」も、してくれているんです。

でも、心の穴を埋めようと必死な人は、「自分が他人に求めてるようなこと」しか理解できないので、**他人がしてくれる「あなたがしないようなこと」を、うけとれないし、してくれていることに気づけないのです。**

**「人から大切にされない」ということは**
**「自分を大切にしていない」ということ。**

# ［4章］ヤリチンとオタクだらけの男たち。

4－1

# 彼に「恋をしている」あなたには、彼のヤリチンは、なおせない。

「心の穴」が「心の穴」に反応してしまうのが「恋」である、と3章で書きました。

それをわかりやすく表しているのが「ヤリチン」と「ヤリチンにハマってしまう女性」との関係です。

「好きになった男が、じつはヤリチンだった、彼女はダマされた」のではありません。

彼女には最初から**ヤリチンを好きにならざるをえない心の穴があいていたのです。**「自己受容していないから、自分を愛してくれない人を選んでしまう」という心の穴が。

もちろん彼女だけに責任があるのではなく、ヤリチンはそんな女性の心の穴を、さらにグイグイ広げてきます。

「ヤリチン」とは「たくさんの女性とセックスできる自分」という自意識で、自分の心の穴を埋めようとしている男のことです。

そんな彼に恋する女性は「この人をヤリチンから卒業させよう」「彼の心の穴（さみしさ）を私がふさいであげよう」とするかもしれません。そして「それができたら彼は私に感謝してくれて、将来は結婚できるかも……」と、ひそかに期待するかもしれません。

しかし彼女が自己受容していないまま、彼に恋をしているまま彼女の心の穴が、彼を必要としているままだと、彼のヤリチンぶりを変えることは絶対にできないでしょう。

「結婚すれば彼のヤリチンは、なおるんじゃないか」と、親や共通の友だちから外堀を埋めたり、自分からプロポーズしたりして、無理やり結婚に持ちこもうとする女性もいます。

しかし結婚はできても彼のヤリチンはおさまりません。

もしおさまるとしたら、それは彼が「ヤリチンに恋しない女性」を好きになり、みずからのヤリチン的あり方に疑問を持った時でしょう。

## ヤリチンは「ヤリチンに恋した女」には恋しない。

4－2

# ヤリチンは自己受容していない女（の心の穴）が大好物。

昔のヤリチンは、女が好きで、女を口説いている自分が好きな男のことでした。ヤリチンでいたい間は結婚から逃げつづけていましたし、結婚する時は「年貢のおさめ時」と観念する、というのが常識でした。

しかし、今のヤリチンはヤリチンのまま結婚してしまいます。

**彼らは女に恋されている自分が好きなだけ**で、**自分に恋する女**の内面**は嫌い**です。

「重い女はウザい……」と思いながら、彼女たちとセックスしつづけているのです。

女性を「自分の心の穴を埋める道具」として使いますから、そのセックスは、なんだかオナニーのようなセックスです。

でも、これは**自分に恋をする男性を**「つまらない」と感じながら、より「いい女」になることを目指してがんばり**つづける女性たち**と同じ精神構造なんです。ヤリチン男たちは女と「やる」ことで、高慢な女たちは男に「させない」ことで、相手の心の穴の中に入りこもうとします。

「カラダ目当て」などとよく言いますが、ヤリチンはセックスだけがしたいんじゃないのかもしれません。自己受容してない女性の心の穴の中に入りこんで、愛しもせずに、ただ穴の中をひっかきまわして出ていきたいだけなのです。

ヤリチンはナルシストで、自己受容していない。だから「俺に恋する女」を無意識のうちに最初から憎んでいます。

今の「この程度の女としか、やれない自分」に不満だから、つねに他の女性にも手を出すのです。

自己受容できて自分を大切にしている女性なら、そんな男には最初から興味を持たないか、「彼は私を受容しない」とわかった時点で距離をおくでしょう。

しかし、自己受容してない女性は、彼が自分を愛さないからこそ、どんどん彼にハマっていき、彼が自分を愛さないことをくやしがります。

そして、やがて何をやっても報われないとわかると、今度は彼を憎みはじめます。

別れた後も、彼への執着や憎しみが残り「彼が私を選ばなかったことを後悔するようないい女になってやる……」と、復讐《ふくしゅう》のための自分磨きに走ったり、彼のことがどうでもよくなって忘れることができても、また別のヤリチンに恋をしてしまったりします。

今の自分を否定したままで未来の自分に恋しつづけている彼女の心の穴は「ヤリチンな男、彼女を苦しめる男」を、つねに必要としているのです。そうさせているのは、彼女のナルシシズムです。

つまり、彼女に「恋されている」ヤリチンと、ヤリチンに「恋してる」彼女は、どちらも「相手を使って自分の心の穴を埋めようとしている」という意味で、同じことをしているのです。

## ヤリチンも、自己受容してない女性も、相手を「使っている」。

## 4－3

# オタクの男は、モテはじめると簡単にヤリチンになる。

あなたがオタクな感性を持ってる女性だったり、いわゆる文化系女子（サブカルチャーだけでなく、クラシック音楽とか古典文学が好きな人も）だったり、「私って自意識過剰ぎみだなぁ」と感じたことがある人だったら、オタクの皮をかぶったヤリチンや、インテリの皮をかぶったヤリチンに気をつけましょう。

観察力や分析力があり、見た目も悪くない男性（たいていメガネをかけていて、普段は目つきが厳しくて性格も悪そうなのに笑顔はカワイイとか）は、**自分自身のことを「めんどくさい」と思っている女性**の心の穴に入ってくるのが上手です。

「メガネが似合う男性が好き」という女性がとても多いですが、それは「めんどくさい私の内面を理解してくれそうな頭のいい人」に見えるからかもしれません。

「オタクでありながらヤリチン」というジャンルの男性がいることは世間にはあまり知られていませんが、そもそもオタクとヤリチンは似ています。

ヤリチンが「多くの女性とセックスできる自分が好き」というナルシシズムで心の穴を埋めようとしているように、自己受容してないオタクは「モノや概念が好きな自分」「それについて他人より詳しく知ってる自分」が好きで、そのナルシシズムで心の穴を埋めようとしているのです。この「モノや概念」というのは、アニメやアイドル・パソコン・カメラ・鉄道といった「いかにもオタク」な趣味だけでなく、仕事・お金・教養・スポーツ・健康などもふくまれます。

つまりオタクは、その対象が「女性」に変わるだけで簡単にヤリチンになるのです。ヤリチンとは、ようするに「セックスおたく」のことなんです。

オタクな人の中には、モノや概念を純粋に好きで、そのことで心の穴を埋めようとはしていない「自己受容できているオタク」も存在します。

しかし「モノや概念に熱中することで苦手な人間関係から逃げてる自分」を認めていないオタクや、マウンティングと自慢が大好きなオタクも大勢います。そういう「ダメなオタク」が、人に「キモい」という印象を与えます。

なぜ彼らがキモいのかというと、自分を「ごまかしてる」こと、そしてナルシシズムが強すぎることが周囲にバレバレだからです。

そして**「ダメなオタク」も「ヤリチンのオタク」も「ヤリチン」も、他人を愛せないという点では一緒です。**

生身の女性とセックスができる「ヤリチン」と「ヤリチンのオタク」は、セックスができているので「俺はイケてる」と開き直ることができます。

キモいオタクも、生身の女性という存在を忘れたフリができれば、モノや概念の世界だけで「自己肯定できてる」と思いこむことができます。

しかしそれは、じつは**プライドを守るために「自分は変わらなくて、いい」と開きなおって、インチキ自己肯定しているだけ**なんです。

**「ダメなオタク」も「ヤリチン」もナルシスト。どちらも人を愛せない。**

4－4

# 草食系男子の中にひそむ「弱虫系」に気をつけろ。

草食系男子が増えたと言われて久しいですが、当事者の男性たちに話を聴いてみると、どうやら「ガツガツしてない、油っこくない男の人」は、２種類いるようです。

**①自分のことはだいたい自分でできちゃうし、子どもも欲しくないから結婚する必要がない。**

**②本当は彼女が欲しいけど、こっちから好きになったり自分から行動を起こしたり、できない。**

①の草食系は、ある意味「**自己受容できちゃってる男性**」なのかもしれません。

ヤリチンともオタクとも仕事オタクともちがって彼らがガツガツしてないように見えるのは「心の穴とはどうやっても埋められないものだ」ということを直感的にわかっている

からです。

あなたは彼の外見や人格に好意を持つかもしれませんが、「自分の心の穴を埋める」ようなアプローチの仕方 たとえば話しあってもいないのに「つきあってるんだから結婚が前提」と思いこんだり をしたら、彼はあなたの前からあっさり去っていくでしょう。

②は「女性から愛してもらえるのを待っている」人たちです。草食系男子というよりも、むしろ**弱虫系男子**と呼びたい。

彼らも「自己受容してない女性たち」と同じで「愛されたい、受容されたい」のです。

そして実際に自分に恋してくれた相手を愛することが、できません。

彼らが恋に消極的なのは「拒絶されて傷つくこと」を怖れているからです。

## 「弱虫系男子」は、愛され待ち。

4－5

# まともな男と、なぜ出会えないの？

「私の彼はヤリチンでもダメなオタクでもない。私を受け入れてくれてるし、他に女もいない。でも、彼との関係が苦しい……」という場合は、何が原因なのでしょう？

やっぱり彼も自己受容していないのでしょうか。

男性の中には「ギャンブルにハマる」とか「お酒を飲むと人が変わったようになる」とか「なんだかわからないけど仕事でよくトラブルを起こしている」とか「つきあってる（結婚してる）のに、二人の関係に無関心」とか、お互いの生活自体をおびやかしかねないことで自分の心の穴を埋めている**オレ様**な男がいます。

また、オタクがヤリチンに変身するように、**弱虫系男子**もオレ様に変身することがあります。彼らが何かのきっかけで女性とつきあえるようになると、言葉や態度で彼女を支配したり、いやがらせをするように、簡単になってしまうのです。

客観的に見ると「男ってホント馬鹿」って話なんですが、そういう男性を「私が、なんとかしてあげたい……」と、ささえようとしたり犠牲になったりして、別れられない女性も多いです。彼女の側もインチキな母性愛（じつはナルシシズム）に、とらわれているのです。

あなたが「恋される側」になった場合には、**ストーカー**に豹変《ひょうへん》した彼に苦しめられることも考えられます。

あなたが彼の恋を受け入れなかったり（もちろん、それがいけないわけではありません）別れた後で「あなたの存在」が彼の心の穴を刺激しつづけていれば、自己受容する気のない男は「こんなに純粋に愛しているのに、ふりむいてくれないのは、ひどい。君は何もわかってない」と、あなたに責任をなすりつけてくるでしょう。

まともな男なら、自分を肯定してくれない女性に恋をしてしまうと、自分自身が成長することでなんとか彼女を振り向かせよう、と努力します。しかしストーカー気質の男性は、自分自身が成長しないままで、自分の気持ちだけを押しつけてくるのです。

どうやら、あなたが「自己受容しよう」としないかぎり、あなたが恋した男性も、あなたに恋する男性も、あなたの存在で心の穴を埋めようとしてくるようです。

「この世の中には、まともな男性は、いないの？　私は『まともな男』と恋愛や結婚をしたいだけなのに！」って思っちゃいますよね。

もちろん、まともな男性（自己受容できている男）は、います。

でも彼らは、前述の草食男子①（女性を必要とせずに、自己受容できてる）か、そうでなければすでに結婚してるか彼女がいて、そのパートナーと「肯定しあう」ことで、「もう幸せになっている」でしょう。

あるいは、あなたが好きになれなくて「つまらない男」と思いこんでいる、あの人が「まともな男」なのかもしれません。自己受容しようとしていない今のあなたには、まともな男の存在が見えていないのです。

## 自己受容してない女性に近づいてくるのは、ろくでもない男だけ。

今のあなたが出会えるのは、ヤリチンか弱虫系か、オレ様かストーカーだけ。つまり「インチキ自己肯定をしてる男」か「自己受容できないで、イラついてる男」だけです。

1章で「出会いがない！」とボヤいていた女性の言い分は、ある意味、正しかったんですね……。

［5章］

# 「女は、しんどい」社会のしくみ。

## 5−1 男は「インチキな自己肯定」が、できる。

なんだかんだいって、**男性が「自己肯定しているような気分」になりやすくできているのが、今の社会です。**

言い方を変えるなら「肯定できる自分の姿・あり方に、男性のほうが多様性がある」ということです。

男と女の性欲の違いという話に発展すると別の問題も出てくるのでここでは深く触れませんが「男性には風俗店のような場所で性欲を解消する方法があるけど、女性にはない」ということも、男性が社会から守られていることのあらわれのひとつといえるでしょう。

ヤリチンたちだって、女性から「セックスだけじゃなくて、ちゃんと愛して!」なんて言われつづけるより、本心では「誰かから受容してもらいたい」んです。

でも「たくさんの美女とセックスできてるのが、男性社会では地位が上」という共通の認識にヤリチン自身が縛られていて、「俺はこれでいいんだ」と思えてしまう。

昔のオタクたちは（その趣味の種類にもよりますが）わりと恥ずかしがりながら生きていました。しかし最近のオタクは「重要な消費者層」として社会的に認知されています。仕事オタクの人は、たくさんお金を稼げていれば社会から「エグゼクティブ」とか呼ばれますし、給料が安くても仕事のやりがいやチームワークなどに「ロマンみたいなもの」を感じられれば、その感覚がけっこう本人の中で持続したりする。

たとえ仕事に失敗したとしても、それが致命的な大失敗でないかぎり、男性社会には「負けの美学」などという便利な言葉すら用意されています。

お酒やギャンブルにハマったり、意味のわからないトラブルを起こしつづけたりするオレ様も、男性を読者対象にした「アウトローな主人公が活躍するマンガや小説」を読んで現実の自分のセコさを棚に上げ「規範から外れるのも、かっこいい生き方だ」などと、人生が完全に破綻しないかぎりは「自己を肯定できているような気分」になれる。

**インチキ自己肯定**ができてしまうのです。

そのかわり、そこからはじき出された男性にはキツい世の中であることは、たしかです。リストラされて働けなくなったり、ひきこもりになったりすると、インチキ自己肯定も難しくなるでしょう。「自殺率は男性の方が高い」という現実もあります。

男たちのインチキ自己肯定とは、**社会や仲間内が許してくれることで「自分自身に深い疑問を持たないでいられる状態」**のことだと言ってもいいかもしれません。

たとえ「インチキ」であったとしても、自分をごまかすことができれば自分にウソをついていることに自分で気づかないでいられると相手をも、ごまかせてしまうところがあるのです。

ところが女性は、インチキな自己肯定すら、できにくいのが現実です。

キャリア・ウーマンには、男性には認められている「負けの美学」という言葉が、そぐわないんです。勝ちつづけていなければいけない。なのに、高い給料をもらっていても独身だと「女の幸せを捨ててる」とか言われてしまうのです。

**男性は、社会や仲間が許してくれるから、自分に疑問を持たずにすんでいる。**

## 5－2 しんどい女性は「やらなくちゃいけない」と思いこんでいることが多すぎる。

あなたは「もっとキレイになって、恋もして、仕事もがんばって、いずれは結婚をして、出産や子育ても、しなきゃ。そしてその後も女であることを忘れずに。いずれまた、やりがいのある仕事に戻りたい……」なんて思っていませんか？

あるいは、そのどれかを最初からあきらめて「それが私の生き方だ」と決めたつもりでいながら、じつは心のどこかで「そんな私は、女として欠陥があるんじゃないか……」とか「本当はこうなりたかった『未来の自分』をあきらめた、ダメな私……」と、劣等感や罪悪感を持っていないでしょうか？

専業主婦として懸命に家事や子育てをしている女性でも「社会で働いてない自分」になんとなく劣等感や罪悪感を持って「私には、ほかにできることがあったんじゃないか、そこから逃げているんじゃないか」と思っている人が少なくありません。

どのような人生を選択しても、それが自分の意思だったとしても、自分自身のあり方や生き方に疑問を持ち「自己受容できない」でいる女性が、とても多いんです。

**「こうあるべき自分、こうありたい自分」を考えたときに、減点法でしか自分の姿を見ることができない。**「負ける自分」を許せないようになっている。

社会も、女性には「男性なみに働くこと」を要求しているのと同時に、あいかわらず「女性」としての役割 つまり「妻であること」や「子どもを産むこと」はもちろん、「美しくあること」も 求めつづけています。

そのため、まじめな女性たちは**「すべてをちゃんとやりたい。やらないといけない。できないのは、くやしい」**とか**「完璧にできない私は、何かが欠けてる」**と思いこんでいる。というか思いこまされているんです。

でも、冷静に考えてみてください。

◆「いい女」になって、すてきな相手と幸せな恋愛をすること
◆男性社会の中で、男性に負けないくらい仕事をすること
◆結婚して子どもを産み、良い母になること

この3つすべてを同時に完璧にこなすなんて、ふつうの人間にはムリですよ。

なぜ現代の女性は、こんなに「やらなければいけないこと」が増えちゃったのでしょう？

そもそも、社会というのは、かつて男たちが作ったものです。

そのころの社会は、男たちのためにだけあり、女には「女だけの社会」があったのです。

しかし時代の移り変わりとともに、男の社会に女性も加わるようになり、今では「女が、外で仕事をすること」は、あたりまえになりました。

別々だった**「男だけの社会／女だけの社会」が、「男と女の社会／女だけの社会」になった。女性は両方の社会に属さなければならなくなったため「やらなければならないこと」が増えてしまった**のです。

女性たちは自己受容しにくい状況だからこそ、愛されることを求めて恋をしてしまうのかもしれません。でも、そこでもやはり苦しい思いをすることになってしまう。

八方ふさがり――これが今を生きる女性たちの現実です。

「自己受容できなさ」は、あなただけの苦しみではないのです。

## 女・仕事・妻・母を、同時に完璧にこなすなんてムリ。

## 5－3

# かつて、女は恋をしなかった。恋は「男がするもの」だった。

「女が男に恋をする」のが普通になったのは、わりと最近の話です。

かつての一般的な女性は、自分からは恋をせず「自分に恋してくれた男たち」の中から、いちばん「愛せそうな男」を選んで結婚していました。

男から恋をされ、愛やセックスを求められることで、女としての受け身のナルシシズムを満足させることができました。

自分に恋をした男を愛し、子どもを産んで育てることで、彼女自身も精神的に成長して自己受容することができていたのです。

男の子は、大人になっていく過程で、父親と闘ったり、仕事で苦しい思いをしたりして、挫折を経験しました。そして女性と出会い「恋」をしました。

女が男の恋を受け入れて、男を愛し、子どもを産めば、男は「家族のために！」と、つらい仕事に立ちむかうことができたのです。

その女が男の恋を受け入れなければ、男は「今に見てろよ～！　金持ちになって、あの女を見返してやる」と、仕事をがんばります。

どちらにしても、男たちはそうやって大人に成長して、自己受容して、最初に恋した女性とは違う相手と、かもしれませんが家庭を築いて、幸せになることができたのです。

最近の男性は、この「成長の過程」をうまくこなせない人が多いのですが。

昔の女性の多くは**自分のほうから恋をする機会や、恋で苦しむ必要が、なかった**のです。

もちろん、「愛した男に浮気され、嫉妬に苦しむ」ことは、昔もあったでしょう。

しかし、当時の女性社会には「男は浮気をするもの」という共通の認識がありました。

それは文字どおり「浮気」であって、家庭が壊れてしまって妻が自分の存在意義を失ってしまう怖れまでは抱かずにすんでいたのです。

例外的に、自分から恋をしていく「奔放《ほんぽう》な女性」だって、いたことでしょう。

でも、それはたとえば「ものすごい美人の女優」とか「超高級な娼婦」とか「お金持ちの有閑マダム」など、強烈なナルシシズムを持つ、限られた少数の女性だけ。彼女たちは当時の「女性社会」を抜け出していて、いわゆる「女の幸せ」は求めていなかったのです。

恋は男がするもの。女は恋をしなかった。

「恋をすること」があたりまえになった現代の女性からしてみれば「そんなこと言われても……」「そんなの、ずるい」と、権利を奪われたような気持ちになるかもしれません。

「昔の女性のほうが、がまん強かった」とか「現代の女性も、昔の女性のようになれば幸せなのに」とか言いたいのでは、ありません。

**いまさら「昔のような社会」に戻ることは不可能だからです。**

ただ、昔の社会は、男性も女性も、自己受容できるシステムが別々に用意されていた。現代の社会ではそれが壊れているせいで、男性は「インチキ自己肯定」に走りやすく、女性は自己受容が難しくなってしまったのではないでしょうか。

2章で説明した、人生の先輩たちの無責任とも思えるアドバイスを思い出してみてください。「さっさと結婚をして子ども産んじゃえば、幸せになれるよ。自己受容できるよ」というのは、男性と女性の社会が別々だった時代には実現が可能だったのです。

昔は別々だった「男だけの社会／女だけの社会」が、「男と女の社会／女だけの社会」になったことで、現代の女性は社会の中で、精神的にも物理的にも「男性的な役割」もこなす必要がでてきました。

そのため「相手の恋を受け入れて結婚、出産をして自己受容していく」のではなく、男と同じく「恋をすることで自己肯定しようとする」ようになっていったのです。

「女としての幸せを得るために、恋をする」と苦しくなってしまうのは、あたりまえなのかもしれません。「恋をする」というのは、男性的な行為なのですから。

## 今の社会は「自己受容のシステム」が壊れている。

# 5−4
# 「男目線」を持ってしまったことで苦しむ女性。

女性を傷つけて自己受容させにくくしていると思われる社会のシステムのひとつに「男目線によるメディアの氾濫《はんらん》」があります。「それAV監督が言うことじゃ、ないだろ」と思うかもしれませんが、だからこそ言わせてください。

男性誌やコミック誌の水着姿のグラビア・アイドルや、テレビ番組に出演してるAV女優を見た時、あなたの心は、矛盾する2つの方向に揺れ動かないでしょうか。

「かわいい～！　**私も男だったら、好きになっちゃうかも**」という**男目線**と、「なるほど、男の人は彼女みたいな女の子が好きなんだ。**それに比べて私は……**」という**女としての自己否定感**——。

この同時に生まれる2つの視点と感情によって、心理的に引き裂かれ、苦しくなってしまう女性が多いのです。

ですが、女性が男目線を持っているのは、自然なことです。

レズビアンやバイセクシャルではない（同性を「恋愛やセックスの相手」として考えることはない）のに「女性の体が大好き」な女性っていますよね。

女同士で温泉に入るとつい意識して見ちゃったり。酔っぱらうと親しい友人のおっぱいに触りたくなる女性も多いようです。

女性も男性も複数が登場して自由にセックスするAVを撮影していると、指示を出さなくても女優さん同士で、ノリで体に触りあい、勝手にキスしあってる人たちもいます。

ところが。男性にとって男の体は（はっきり言えば、他人のチンコは）つねに「敵」なんです。AVの撮影でも男優同士が自分から愛撫しあうことは、バイセクシャルでないかぎり、ありえない。

女性には「女から見た、女の美しさ」が理解できるし「男が作った、男のための、女性の美しさ」もわかる。メディアの中の女性を「自分と比べる」ことをやめれば、両方を楽しめるんじゃないでしょうか。

**男にとって「他人のチンコ」は敵。女にとって「他人のおっぱい」は美しい。**

5－5

# 「あなたの心の中の男」の支配に、ご注意。

恋人をとられたわけでもないのに、美しい女性に嫉妬して苦しくなってしまう……。

なぜ、ほかの女性と自分を比べてしまうんでしょうか？

それは、**心の中にいる「男性」に支配されてしまっているから**です。

あなたは女性かもしれませんが、心の中には男性性も存在しています。男にも心の中に女性性があります。一人の人間の心の中に「男」と「女」が両方いるのです。

僕は、男性向けに書いた『すべてはモテるためである』(イースト・プレス／文庫ぎんが堂)という本の中で「いい男になりたいんだけど、どうしたらいいか、わからない」という男性に「自分の心の中の女が、惚れるような男になりましょう」と述べました。

しかし女性は、同じように「自分の心の中の男が惚れるような女」になろうとすると、傷ついて苦しい思いをしてしまうことが多いのです。

**男性の「心の中の女」は、彼に対して甘いのです。その男性が「絶対になれないような男」には憧れません。**

ところが女性の「心の中の男」は、その女性を平気で傷つけるし、すきあらば「その女性本人を支配しよう」とします。

どうか「心の中の男が思う『いい女』のようになれない自分は、ダメな女だ」と考えないでください。

自分が「理想的な女」になれない苦しみを感じた時は「あ、私の中の男が、私を支配しようとしているんだな」と考えてください。

## 「心の中の男」は平気であなたを傷つける。

## 5-6
# あなたは「男のインチキ自己肯定」に、だまされなくていい。

男性の中にはインチキ自己肯定をしている人が少なくない。

そういう男性たちは、無自覚にせよ「自分のあり方は正しい」と信じようとすることで、自分の心の穴を埋めようとしています。

一方、女性はインチキ自己肯定すらできず「私はどこかが欠けてるんじゃないか、何かまちがっているんじゃないか……」と感じている。


自己受容してない女性は、男の「俺は、まちがっていない感」に振りまわされて、心のどこかに違和感があったり疑問や苦しみを感じたりしていても、**まさか「彼の自己肯定がインチキだ」とは夢にも思わず**、自分の感覚を無視してしまうんです。

そして、さらに自己否定をくり返し、おたがい無自覚な「支配・被支配の関係」に陥ってしまう。

あなたが彼とつきあっていて「二人の関係は順調で、なんの問題もない」はずなのに、「なんとなく苦しい、何かがおかしい……。でも、きっと私が高望みしてるだけだ」とか「そんな贅沢を言う私が悪いんだ」という感覚があるとしたら、彼のインチキ自己肯定に振りまわされている可能性があります。

**「インチキ自己肯定」をしている男ほど、他人を「支配」したがるんです。**

自信満々で他人を支配しようとしている人を見たら「この人は、本当は自己受容できていないいんだな〜」と思って、間違いないでしょう。

そういう人は**相手のことを支配できなくなると、こんどは相手のことを徹底的に否定し始めます。**他人を否定するということは「自分を受け入れてない」証拠です。自己受容している人は、愛せない他人のことは（自分に迷惑がかからないかぎり）ほうっておくことができるからです。

もし彼が自己受容していたら、あなたは「おたがいの関係」や「彼のあり方と、自分のあり方」について、苦しい思いをしていないはずなのです。

どうしてあなたは「彼のインチキな自己肯定」を信じてしまったのでしょう？

あなたが彼に惹かれた部分は、彼の「自信満々感」や「仕事ができる感」や「包容力がありそうな優しい感じ」だったんじゃないでしょうか。

「いかにも自己肯定している感じ」は魅力的に映るものです。

しかし、その「彼の魅力」は、**本来は「あなたが自分自身で、しかもインチキではなく本当に、身につけたいもの」**だったはずです。

自分で実現するよりも「彼と結ばれる」ことで早く「そうなれる」気がしたから、彼を好きになってしまったのではないでしょうか。

あなたは「インチキ自己肯定している男」に、だまされなくていいのです。だって、それはインチキなんですから。


そして、じつは「インチキ自己肯定している女」も、います。彼女は、自分の子どもを支配しようとするのです。

## インチキ自己肯定してる人間ほど、他人を支配したがる。

［6章］

# すべての「親」は子どもの心に穴をあける。

6－1

# 親は、どうやって子どもの心に穴をあけるの？

「心の穴」というのは、自分でもコントロールできない もしくは、自分でコントロールできてると思っていても実際にはそれに操られてる「感情や行動のクセ」であり、その人の欠点や魅力のみなもとだと説明しました。

「生きづらい」という感覚があるとしたら、それがあなたの「心の穴」です。

では、「心の穴」は、どうやってあいたのでしょうか？

**心の穴は、あなたがまだ幼く心がやわらかいころ、自我が固まる前に、あなたの「親」または「親がわりに育ててくれた人」によって、あけられたのです。**

心の穴から出てくる、生きづらさを感じるネガティブなもの、つまり「自己受容できなさ」の原因は、さまざまなかたちをとってあなたを苦しめますが、一度、シンプルに考えてみましょう。

あなた自身を苦しめる感情は、

「さみしさ」か「不安」か「怒り」か「罪悪感」か「劣等感」の、どれかです。

その原因は、幼いころの親との関係にあります。

**◆幼いあなたは愛してほしいぶんだけ愛してもらえず、さみしさや不安を感じた**

**◆あなたを否定したり、さみしさを感じさせる親に、腹を立てた**

**◆あなたが「したこと」あるいは「しなかったこと」が親を悲しませて、罪悪感をもった**

**◆親があなた以外の誰かを褒めたり、あなたより愛したりして、あなたは劣等感を持った**

もし、あなたにそういう記憶がなかったとしても、子どものころのあなたは、**これらの感情**のいくつかを親か、あるいは親がわりに育ててくれた人によって味わわされて、心の穴の「クセ」をつけられたのです。

たとえ、あなたの親たちが、どんなに「いい親」だったとしても。

人間は、**親がやっていることを見て聞いて育ち、大人になって、それと「同じこと」か「反対のこと」を無意識に感じていたり、やっていたりします。**

子どものころに親から言われたり、されたりしたことと同じことか反対のことを「恋の相手」や「他人」からまた言われたり、されたりして自分は傷つくんじゃないかと、心の底でいつもおびえながら生きていたり。

親から言われたり、されたりして、あなたが「傷ついた」のと**同じこと**か**反対のこと**を、自分の心を守るために「恋の相手」や「他人」にむけて言ったり、したりして、傷つけているのです。

両親が不仲な家庭に育った女性の中には「男性と一対一のパートナーとしてうまくやっていく」という実例のモデルを知らないため、恋愛相手と、どう「つきあって」いけばいいのか、よくわからない、それで関係がダメになる、という人もいます。

「私はあきらかに親に傷つけられて育った。いまでも親を憎んでいるし、親のような人

間には絶対なりたくない」という人は、

「親とはちがう生き方を、自分の意志で、自分で選んで生きていく。もう、親には支配されていない」と思っていても、じつは、

**「絶対に『親とはちがう生き方』をしなければ……」**

**という心の穴**に支配されて、わざわざ苦しい生き方や、苦しい恋愛を選ばされてしまっていないでしょうか。

**「劣等感」も「罪悪感」も「怒り」も「さみしさ」も、**
**子どもの頃に親から味わわされている。**

# 6－2 「悪い親」も「普通の親」も「良い親」も。

子どもの心に穴をあけるのは「悪い親」だけではは、ありません。

むしろ「親との関係は良好なのに、なぜか恋人やパートナーとの関係は、いつもうまくいかない」という人こそ、親と「うまくいっている」と思ってる部分、親のことを「好き」と思っている部分に、じつは心の穴が隠されている可能性があります。

両親が仲のよい家庭で育ったからこそ、大人になってから「両親のようになりたいけど、私にはとても無理。それができない私はダメだ」という劣等感を持ってしまう人。

親にかまわれすぎて育ったため「親以上に私を愛してくれる人なんて存在しない。でもそのくらいの人でないと結婚したくない」と、自分に高いハードルを課してしまう人。

ごく普通の親に育てられて「うちの親はまともだから、私も、まともな人間だ」と思いこみ、自分が他人を傷つけているかもしれない可能性を、まったく考えられない人。

「良い親」「普通の親」から無意識のうちに支配されてる場合でも、「悪い親」に「反抗しなければならない」という憎しみにとらわれている場合でも、あなたの恋愛が「親にあけられた心の穴」に色濃く影響を受けることに変わりはありません。

なぜなら**恋愛関係とは、幼いころの親との関係（ひずんだ愛情）を「くりかえす」ことで「やりなおし」ていることが多い**からです。

でも、あなたに生きづらさを感じさせる「心の穴」があいてしまったのは、あなたの親たちにも心に何らかの矛盾があり、親も「心の穴」を抱えていたからです。

親にも、あなたと同じように子どもだった時代があって、あなたのおじいちゃんやおばあちゃんから、あなたがされたのと同じように心の穴をあけられ、その穴にコントロールされながら、あなたを育てたからです。

**恋愛は「親子関係」を、くりかえして、やりなおしている。**

6－3

# あなたが「幸せすぎると不安になる」理由。

せっかく恋愛がうまくいってるのに、意味もなく不安になったり「この幸せを失うのが怖い」と心配になったり、なんてこと、ありませんか？

中には、結婚直前に自分でもわけがわからないまま婚約を破棄してしまう人もいます。

幸せすぎると不安になってしまうということは、「自分の喜び」を受けとめきれないということで、つまり自己受容していないからです。

「自分の喜び」を受けとめきれない心の穴の、根本的な原因は2つ考えられます。

①幼いころの「愛情不足」または「過剰な愛情」が心の底に刻まれていて、それとはちがう愛情に、違和感をおぼえてしまう。

②あなたのお母さんがあなたの心に植えつけた罪悪感。

親にも心の穴がありますから、自己受容できないまま結婚して、母になった人もいます。そういう母親は、自分の娘に「幸せになって欲しい」と願いながら、心のどこかでは「私よりも幸せになっちゃダメ」という矛盾した思いを持っていることがあるんです。母親本人も無意識のうちに。なぜなら彼女も、娘と同じ「女だから」です。

そんな思いが、大人になったあなたを自動的に動かす「母の呪い」となって、あなた自身でもよくわからないうちに「幸せになるのが怖い」「幸せすぎると不安」と思わせているのかもしれません。

「お母さんのことは大好き。お母さんとあたしは似たもの親子で、とっても仲がいい」とか「お父さんは大嫌い。お母さんにひどいことをしてきたから！」という女性が「なぜか恋愛がうまくいかない」場合も、まあ、お父さんも実際に悪いんですが、**あなたの心に穴をあけてあなたを苦しめてる真犯人は、お母さん**である可能性が高いです。

**幸せだと不安になる原因は「愛の違和感」か「母親の呪い」。**

## 6－4

# 母親は、なぜ「娘に呪いをかける」の？

では、どうしてお母さんは、娘に呪いをかけることが多いのでしょう？

「子どもを産む」ということは「自分を削《けず》る」ということでもあります。

お母さんの顔を思いうかべてみた時、次の、どれかに思い当たりませんか？

仕事や「女であること」をあきらめて母親になったために「私は本当は、もっと仕事をしたかった」「もっと男性にモテていたかった」けれど「あなたを産み育てたせいで、それができなかった……」と、お母さんが娘に対して**被害者意識**を抱いているケース。

仕事も「女であること」も続けながら母になったり、あなたの上か下に兄弟姉妹がいたために「ちゃんとかまってあげられなくて、ごめんね」と、**罪悪感**を持ってしまっているケース。

「あなたを産んだために私があきらめなければならなかった夢を、かわりに、あなたが叶《かな》えなさい」と、環境を整えて娘の人生にレールを敷いて、自分の人生の**生きなおし**を押しつけるケース。

あなたの**お父さんへの憎しみ**をあなたに伝えてしまったり。お父さんに深く恋しているがゆえの「あなたへの嫉妬」が原因で、あなたが**性的な好奇心**を持つことや、メイクをすることや、おしゃれなファッションをすることを**禁じてしまう**ケース。

すべてを「ほどほどに、こなすこと」ができたお母さんは、

「私がやってきたのだから、あなたも私と同じことを、ちゃんとできなくちゃダメよ。やりなさい……」という**完璧主義**を、あなたへ伝染させてしまうケースもあるでしょう。

専業主婦であることを完璧にこなしてきたお母さんは、男性と同じぐらい**インチキ自己肯定**していることがあります。自信満々だし、他人から見てもそんなに「イタく」は見えない。なぜなら、お父さん（母にとっての夫）という名の「男性社会」に守られているか

らです。

そういうお母さんは夫と息子を甘やかして、そのかわりに娘を無意識のうちに傷つけていることが多いようです。

もちろん「母が娘を呪う」などということは「社会的には許されないこと」になっています。

だから**呪われてるほうも「そんなはずはない」と思ってる**し、呪っているほうのお母さん本人も、きっと心の表面では「本気で」あなたを愛し、肯定していることでしょう。

娘に呪いをかけてしまうのは、お母さん自身にもどうしようもない「お母さんの心の穴」なのです。


**「母の呪い」を、母も娘も社会も認めてないから、娘は苦しい。**

## 6－5
# とりあえず一回ぜんぶ親のせいにしてみよう。

ここで改めて、「自分の心の穴」と向きあうための方法を考えてみましょう。

1章の、
恋愛の相手に「恋する（求める）こと」と、
恋愛の相手を「愛する（肯定する）こと」の関係を、思い出してみてください。
自分を「受容する（本当の意味で、自分を愛する）こと」と、
自分を「受容できない（こうありたい自分をナルシシズムで求めつづけ、自分に恋する）こと」の関係も、思い出してみてください。

そして3章で説明した「恋することは、憎むことと同じ」というのも、思い出してみて

ください。

まずは、あなたが「さみしい」ことや「恋愛が苦しい」ことを、劣等感や罪悪感に振りまわされて「自分が悪い」と思わないことです。

それは「あなたのせい」じゃ、ないんです。「あなたの心の穴のせい」なんです。

次に、あなたを苦しめている「恋の相手のせい」にもしないことです。

たしかに彼も悪いのですが、彼にも「あなたを苦しめてしまうような心の穴」があいているのです。

そして、あなたにも「彼の心の穴に惹きつけられるような心の穴」があいていたわけで、そこは、おたがいさまです。

「そうか、好きになっちゃう私が悪いんだ……」という罪悪感に引き戻されないように気をつけながら、自分が「なぜ彼に恋してしまうのか」を考え、自分の心の穴が「どんなかたちをしているのか」を、しっかり見つめてみましょう。

子どものころのあなたと親との関係を、思い出してみましょう。

**そこに「あなたの心の穴が、どうしてそういうかたちになったのか」の手がかりが、かならずあります。**

お父さんかお母さんが軽い気持ちで言った、なにげない「ひとこと」が、まだやわらかかった子どものころのあなたの心に、大きな穴をあけたのかもしれません。

たとえば、日本の家族は、日本だけじゃないかもしれませんが男の子が産まれた時に喜ぶ傾向があります。もしかしたら、あなたに「弟」が産まれた時、親は「あなた」が産まれた時よりも喜んだかもしれません。

その時の親たちの反応や表情を見て、自分でも気づかないうちに「傷ついていた」という女性が少なくないのです。

親を疑ったことのない人は「自分が自己受容できない原因が、親にある」とは夢にも思っていませんから、ただただ「心の穴から出てくる劣等感・罪悪感・さみしさ・不安・恋の相手への怒り」に苦しめられるだけで、そのみなもとの『心の穴のかたち』までは気がつきにくいかもしれません。

しかし、あなたの親がどんなに「やさしい親」で「すてきな両親」だったとしても、たとえ「ものすごく苦労して、あなたを育ててくれた」のだとしても、親は、あなたの心にかならず穴をあけています。

それを知ることは、親への尊敬や感謝の気持ちとは、また別のことです。

すでに親を憎んでいる人は、親が自分の心に穴をあけたということまでは、わかっているかもしれません。

しかし「親への怒り・憎しみ」に目をくらまされていて、やっぱり「自分の心の穴の正確なかたち」は、つかめていないのではないでしょうか。

無理して「親を許そう」とは、しなくていいと思います。

ただ、**憎みつづけているということは、「求めつづけている」ということ**です。そうしている間はやはり「親に支配されつづけている」のだということを忘れないようにしてください。

あなたが苦しみつづけることも、親を憎みながら生きていくことも、親への「復讐」には、なりません。

むしろ「ずーっと（自分が死んだ後も）支配されつづけていてほしい」と願う親（の心の穴）の、思うツボです。

しかも、あなたの親がどんなに「悪い親」だったとしても、それは親自身のせいではなく「親の親に あなたのおじいちゃんやおばあちゃんに あけられた、親の心の穴」のせいなのです。

**親を疑ったことがない人も、親を憎みつづけている人も、**自己受容できなくて恋愛で苦しんでいるとしたら**「自分の心の穴のかたちが見えていない」**という点では同じです。

**「親が自分にどんな心の穴をあけたのか」**を知って、**「自分は人から、どんなことをされると傷つくのか」「自分は、どのように人を傷つけてしまうのか」ということに気づくことが大切**なんです。

**一回ぜんぶ親のせいにするのは、憎みつづけるためではなく**
**「自分の心の穴」を知るため。**

6－6

# 親への愛と、子どもへの愛。

自分の恋愛下手や自己否定感の原因が、じつは親との関係にあることに気づいていて、だから**「子どもを産みたくない」**と思っている女性は、少なくありません。

それが、ますます恋愛をうまくいかなくさせているということも、あるかもしれません。

しかし、だからといって「悪い親になりそうな人は、子どもをつくる資格や、恋愛する資格がない」わけでは、ありません。

すべての人間の心には、穴があいています。

良い親であっても悪い親であっても、ごく普通の親であっても、**すべての親は、なんらかの形でかならず子どもに心の穴をあけてしまう**ものなんです。

この6章では「親という存在が、子どもにおよぼす影響」について説明しましたが、それは、あなたに「自分自身の心の穴のかたち」を認識してもらうためです。

くりかえしますが「心に穴があいてるから自己受容できない」のでは、ありません。

自分の心の穴を知って、それに対処することが「おりあいをつけること」であり、それが自己受容につながっていくのです。そして、あなたが「生きていきやすくなる」ことが親孝行にもなるんです。


もしあなたが自己受容してないまま母親になり、自分の子どもの心に穴をあけてしまったとしても、そのことに罪の意識は持たないでください。**あなたが「良い母親」でも「悪い母親」でも、どんな親になっても子どもの心には穴があく**のです。

お子さんの心の穴をなんとかしていくのは、お子さんの人生。あなたの心の穴をなんとかしていくのが、あなたの人生です。


だから、あなたは「子どもを産み、育てること」を怖がらなくていいのです。


「産み育ててくれた親に感謝しましょう」とよく言いますが、僕は逆だと思います。

子どもは、親に感謝なんかしなくていい。

もし、この先あなたが子どもを産んで育てる機会がやってきたとしたら、彼らが小さい時に「肯定・受容するクセ」をつけてください。子どもの存在を、まるごと認めてあげるんです。

「甘やかして育てる＝子どもの、まちがった言葉や行動まで許してしまう」こととは、ちがいます。

**「おまえは、ここにそのまま存在していて、いいんだよ」と肯定・受容されつづけて育った子どもは、大人になってどんな状況になってもタフに生きていくことができます。**

それが、精神的に「恵まれる」ということです。

**すべての子どもの心には「穴があく」のだから、**
**出産も子育ても怖がらなくていい。**

［7章］

# 「いいセックス」をするために。

## 7−1 なぜ「好きな人とセックスしている」のに、苦しいの？

「最初は優しかったのに、セックスしたら急に彼の態度が冷たくなった」

「体の関係から始まったから、相手が私を好きかどうか、わからなくて不安」

「ヤリ逃げされた」

「セックスはしてるけど、私たちって、つきあってるの？」

「もしかして私は、ただのセフレ？　都合のいい女？」


恋した相手と「セックスできた」のに、こんなふうに苦しんでいる女性が多いようです。

「男を見る目がなかったのね」とサクッとわりきれればいいのですが、相手に執着してしまったり、関係がこじれたりして、なかなかそうもいかない。


それは、男性のほうに「相手を傷つけてしまう心の穴」があいているのと同時に、彼女が自分の体や**セックスを「恋愛のエサ」にしていたから**でもあります。

「エサにする」とは「自分を愛してくれない人に、愛させるための代償として体を与える」ことです。

恋の相手の気を引きたくて。早く恋人同士になりたくて。将来の保障が欲しくて。精神的なつながりを持てないまま相手を自分の「心の穴」につめこもうとして体の関係を持ち「セックスしたんだから、この人は私のもの、私はこの人のもの」と思いこんだことが、相手に伝わってしまっているからでしょう。

自分を受容してくれるかどうかわからない相手に、受容してもらう（愛してもらう）ためにエサとして体だけを毎回おそるおそる差し出していたら、それは精神的に不安定にもなるし、気持ちよくないにきまっています。

そして相手が自分から離れていきそうになったり関係がぎくしゃくしてくると、「私の何がいけなかったの？」と自分を責めたり、「私に魅力がなかったからかも」と劣等感を持ちはじめたり、「男は結局ヤリたいだけなんだ」と相手を責めてしまったりして、さらに状況が悪化してしまうのです。

そういう女性に「だから自分を安売りするなって言ったでしょ！　もっと焦《じ》らさないと男は、つけあがるんだから」と叱ったりアドバイスしたりする女友達がいますが、それもどうなんでしょう？

「自分を安売りするな」ということは「自分を高く売った方がトクだ。実際の自分よりも価値があるように、みせかけろ」と言っているのと同じではないでしょうか。

つまりセックスを「もっと上手にエサにしろ」と言っているようなものです。

たしかに、どの女性向け恋愛指南本にも「すぐヤラせるな」とは書いてあります。いや、実際にはそんな下品には書いてませんが、だいたいそういう意味のことが書いてあります。

彼女の目的が「ただ結婚すること」だけなら、それでもいいのかもしれません。でも、本当は彼女は「愛されたい」んじゃないでしょうか？

「安売りしないの！」と忠告した彼女も恋愛で苦しんでいる場合、もともと「自分を高く売ろう」としていたのが原因であることが多いのです。

自分を高く売った結果つきあえたり結婚できたりしても、後々になって正体がバレて、彼が「釣った魚にエサをやらない」状態に陥ってしまったり……。

しかし彼女は「自分のセックスのさせかたに問題がある」とは夢にも思っていません。

むしろ「私ってセフレ?」と悩んでいる女性のほうが、苦しみの原因がセックスのさせかた、というより、しかたにあるんじゃないかということに、なんとなく気がついてるのかもしれません。

自分を安売りする女性も、無意識に高く売ろうとする女性も、セックスを「恋愛のエサにしてる」という意味では同じことをしているのです。

大切なのは「いつ、させるか」じゃなくて「その人とセックスすると安心できるかどうか」です。

**セックスで傷ついたのは「体をエサにしていたから」かもしれない。**

## 7－2 なんのために、セックスをするの？

なぜセックスは「愛しあってる相手とするもの」ということになっているんでしょう？
なぜ「性欲がある」んでしょう？　今すぐ子どもが欲しいわけじゃないのに。
あるいは、なぜ「相手がいるのに、性欲が湧かない」んでしょう？

セックスというのは、ただ体が接触するだけではなく**「心の穴に触《さわ》ってもらえて、それを一瞬ふさぐことができたような気がする」**ことです。

さらに、セックスをすることでいやおうなしに「自分の心の穴のかたち」が見えてしまうし、「相手の心の穴のかたち」もある程度ですが感じられてしまいます。

愛しあえてる相手とした方がいい（その方が気持ちがいい、その方が安全）ということになっているのも、そのせいでしょう。

肯定しあえている相手と、おたがいの心の穴のかたちを触りあい、おたがいの欲望を肯定しあうから、体だけじゃなく、心も気持ちいいんです。

人間には「自分を受け入れてもらいたい」とか「甘えたい、可愛がってほしい」とか「自分の体で相手を喜ばせたい」とか「支配したい、独占したい」とか「その人のモノになりたい」とか、いろいろ性的な欲望があります。

それらも、もとをただせば全部**「親にあけられた心の穴」**から出てくるのです。

誰でも、心の底では「あけた張本人である親に、穴を埋めてもらいたい」と思っているんです。

でも、いまさら「親に心の穴を埋めてもらう」なんてことはできないから、それを恋愛の相手に求めているのです。

「性欲が強い」のも、「したいんだけど、コンプレックスがあるからできない」のも、「めんどくさいから、したくない」のも、「いろんな相手と、次々としたい　することで、いろんな人が自分を受け入れてくれるかどうか確かめたい」のも、「アブノーマルなセックスが好き」なのも、「セックスの相性が良すぎて、あの人と別れられない」のも。

それぞれの「心の穴のかたち」のせいなのです。

## 「どんなセックスを」「どんな人と」「どのくらい」すれば、あなたの心の穴はふさがったような気がするのでしょうか？

忘れてはならないのは「セックスで心の穴がふさがったような気がする」のは、**あくまでも「その瞬間、そんな気がする」だけ**だということです。

どんなに愛しあえて、理想的なセックスができて、その瞬間は満たされたとしても、それであなたの「劣等感」や「さみしさ」が永遠に消えるわけではありません。

だから「穴をセックスでふさごう」とは考えない方がいいのです。


他人に心の穴を触ってもらうからこそ、気持ちがいいんです。

あたりまえのことですが、セックスには「相手」がいます。

自分の心の穴をふさごうとする代わりに、相手の心の穴 そこから彼の欲望が湧いてきます に触ろうとしてみてください。


**セックスとは「おたがいの心の穴」に触りあう行為です。**

## 7-3

# 「めくるめくセックス」なんてものは、ない。

劣等感があってセックスに奥手だったり、結婚していても夫のセックスに不満を持っていて彼を軽蔑していたりする女性は、女性誌のセックス特集や、色っぽいラブ・ストーリー映画などの影響を受けやすい傾向にあります。

「この世には、まだ私が経験したことがないロマンチックな恋愛や、エロチックなセックスがあるらしい……。いつの日か私も体験してみたいけど、そんなテクニシャンな男性と出会うチャンスなんてないだろうし、私もセックスには自信ないし、縁がないまま年を取っていくのかな……」なんて思っていることが多いようです。

「私なんかには、めくるめくセックスを味わう資格がない」という女性もいます。

しかし、テクニックがある男に愛されさえすれば「ロマンチックでエロチックなセックスを体験できる」わけでは、ありません。

**奥手な女性ほど**「男性というのは、女である自分が体を提供しさえすれば、それで満足するものなんでしょう？」と思いこんでたり「魅力のない自分なんかの体では、満足してくれないだろう」とイジけてたりしながら、**愛されるのを待っています。**

「愛されたい」ということは「自分の欲望を満たしてもらいたい　心の穴に触られて、受容してほしい」ということでしょう。

しかし、彼女は「相手の心の穴に触ろう」とは、していません。

一方で、めくるめくセックスを体験しているつもりになってる人もいるようです。**ヤリチンと、ヤリチンにハマっている女性のペア**は、いわゆる「刺激的なセックス」をしていることがあります。

ヤリチンに恋している女性が「この人は私を愛してはくれないけど、セックスは魅力的だわ。そして、それに溺れている、かわいそうな私……」とナルシシズムを満足させていて、ヤリチン男も「俺のセックスがうまいから、この女、よがってるんだ」と自己満足している。

つまりこれは**おたがいに相手の体を使って、オナニーしているようなもの**です。相手を見ていないまま自分の心の穴だけを埋めようとしてるのに、自分たちは「めくるめくセックスをしている」と思いこんでいます。

こういう関係は、やがて双方に悪い後味を残して終わりを迎えるでしょう。めくるめくセックスを夢見ている女性も、ヤリチンと自分がめくるめくセックスをしてると思ってる女性も、相手を「見て」いない。相手の心の穴を肯定する気がないのです。

自分と相手の「したいセックス」や「欲望」を知って、それを肯定・受容しあって「おたがいが望んでいること、気持ちがいいこと」を探していけば、自然とエロいセックスになっていきます。8-5を読んでみてください。

**本当に気持ちのいいセックスとは、**おたがいを傷つけあうセックスではなく、**おたがいの「肉体」と「心の穴」を肯定しあい、受容しあうセックス**です。

それができた時には「ああ！　私は、めくるめくセックスをしている！」なんて自分に酔わなくてすむと思います。ただ「私は、いま、この人と愛しあっているなぁ」とだけ感じるものです。

**おたがいの「して欲しいこと」を知って、それを受容しあうセックスを。**

## 7－4

# 飲み会とかで「あたしMなんです～」と言うのは、やめたほうがいい。

軽いノリで「あたしMなの～」と自己紹介する女性がいます。

合コンなどでも、ちやほやしてもらえて、そこから恋が芽生えて「自称ちょいS」の男と、つきあったりします。

そしたら、その男というのがヘタクソなSで、ただ乱暴にあつかわれてムカついたり、気がつくとセフレあつかいされてたり、二股されてたり、お持ち帰りされたその晩のうちに1時間ずっとフェラチオさせられたり、いきなりハプニング・バーに連れて行かれたりなんてことも……。

自称ちょいS男というのは、自己受容できなくて屈託がたまっており、女を愛さないままセックスで支配したい男です。

彼女が夢見ているような「愛してくれながら、やさしくイジメてくれる」男性は、近づいてきません。そういう男性は、「あたしMなんです」と言う女の正体が**かまってちゃん**で「私がされたいように、かわいがって欲しい」だけ、ようするに「心の穴を埋めてもらいたがってるだけの女」だとわかっているので、めんどくさくて相手にしないでしょう。
「不幸な自分が好き」な女性も、「冷たくされると燃える」と自分で言っちゃう女性も、「じゃあイジメてあげる」と近寄ってきた男を、最初は受け入れたとしても、次第に心の底で憎むようになります。

なんちゃってMの女性が、マゾではないのに自分のことを「あたし、どっちかというとM～」と思ってしまうのは、愛され願望が強く、しかも**「まずは男性の支配下に置かれないと、愛される資格がない」と思いこんでいる**からでしょう。もちろん「親から、そういう心の穴をあけられた」のです。

さらに彼女は無意識のうちに、**自分がM（受け身）であることで、逆に男を支配しようとしています。**

そのことを自覚しないまま「あたしMなんです～」と言うことは、かならず自分自身を傷つける結果になります。

「本物のマゾヒスト」の人も、やはりナルシストではあるんですが、彼らは、自分が「体の痛みを味わうことで、心の穴を埋めようとしている」ことをわかっていて、そんな自分を受容しています。

そして、体に 心にではなく、体に 苦痛を与えてくれる「優しい本物のサディスト」の相手に、感謝しています。

おたがい自己受容していない「なんちゃってM女性と、自称Sのヤリチン」の関係よりも、**おたがいが変態であることを肯定しあえている「本物の変態同士のカップル」のほうが、相手を大切にできている**のですから、はるかに**健康的**です。

あなたに「支配されたい」という心の穴があるのだとしたら、それを利用してあなたのすべてを支配しようとする男ではなく、

「あなたの心の穴を肯定してくれて、セックスの中だけでの遊びとして、あなたを支配してくれる男性」と、恋愛をしましょう。

## 「支配・被支配の関係」は、セックスの中だけで。

## 遊びのセックス、セックスの遊び

「遊びのセックス」を複数の女性とすることでインチキ自己肯定してるヤリチン男性は多いですが、女性には、なかなか難しいと思います。

**女性のナルシシズムは「選ばれる」ことで満たされる部分が大きい**ですから、最初は遊んでいたはずなのに、だんだん「あたしのこと、ちょっとは愛してくれてるの?」という気持ちになってきて、結果的に傷ついてしまうことが多い。

「セックスで遊ぶ」というのは、その逆です。

あなたのことを受容している（愛してる）男性を相手に、あなたの心の穴が求めてるようなセックスを それがアブノーマルなことでも することです。

自分にMっ気があると自覚しているなら、セックスの中だけで彼に支配してもらうのです。そして彼との**日常には「支配・被支配の関係」を持ち込まない**ようにする。

もちろん、そのことを彼にも理解していてもらわないと、いけません。

「むずかしい」と思われるかもしれませんが、そんなことないんです。

**セックスの中で欲望をきっちり満たせていれば、かえって日常はすっきりします。**そ れが「おたがいを肯定しあってる」ということです。

そんなことできる相手、どこにいるの？　って話ですが、セックスをエサにして自分を安売りしたり高く売ろうとしてたりすると、なかなか見つからないと思います。

でも、あなたが「自己受容しよう、肯定できる相手と出会おう」という意志を持って、相手と自分とを「愛そう」としてれば、かならず出会えます。その男性も、そんな女性を求めてるんです。

そういう相手と出会ったら、ぜひセックスの中で「支配する、される」の関係を、ときどき男女逆転させて、遊んでみてはどうでしょう。

あなたは自覚したことがあるかどうかわかりませんが、女性にも「セックスで支配したい」という欲望（心の穴）があることが多いのです。

同じように男性も「セックスで支配されたい」という欲望を、心の底に持っています。日常も一緒にすごす人が相手だと、恥ずかしくてそれをなかなか出せないだけなのかもしれません。

# 7-5 「ネガティブなヤリマン」と「ポジティブなヤリマン」。

「草食系男子は2種類いる」と説明しましたが、ヤリマンにも「自己受容しているポジティブなヤリマン」と「自己受容してないネガティブなヤリマン」の2種類います。

ネガティブなヤリマンは、ヤリマンであることで自分を苦しめています。

彼女は、男へのアプローチの仕方が媚びています。**ヤッた男に恋をしてしまい、心の穴を埋めてもらうことを求めたり、自分のことを傷つける目的**（自分を大切にしないことによる、親や過去の男への復讐）でセックスをしてしまうのです。

いろんな男とセックスしてるのに、そこにいちいち「恋や憎しみ」を持ち込んでしまうため、男から「重たい」「イタい」と思われてしまい、大切にあつかわれません。

同じヤリマンとセックスした男たち同士が知り合いということはよくありますが、彼女がネガティブなヤリマンだった場合、男たちも「おたがい、つまんない　あるいは、めんどくさい女とヤッちゃったな……」と気まずい感じになります。

ようするに、ヤッた男たちも、自己受容していないのです。


「ネガティブなヤリマン」も「ポジティブなヤリマン」も、心の穴から湧いてくる「さみしさ」をなんとかしたくて、たくさんの男性とセックスしてしまうのかもしれません。

しかし、**ポジティブなヤリマンは被害者意識を持っていない**のです。

「ヤラせるタイミングをはかる」とか「相手から仕掛けてくれるのを待つ」といったセコいことはせず、自分が相手としたいと思うタイミングが来たから、セックスをするのです。


つまり**ポジティブなヤリマンは、セックスをエサにしていない。**

そして、ヤッた男性で心の穴を埋めようとしたり「恋や憎しみ」を抱いたりせず、そのかわりにセックスした男性たちを、あわく、軽く、愛しています。

自分のことを受容し、相手のことも肯定しているのでしょう。

「肯定できないような相手とは、ヤラない」のかもしれないし、相手に執着をしないから「どんな相手でも、どこかしら肯定できる」のかもしれません。

**たくさんの男性とヤッてはいるけれど、そのことで自分の女としての価値が下がるとも上がるとも思っていない**のです。

だから不特定多数の男性とセックスをしていても彼女は心に傷を負わないのです。

だからといって、あなたがヤリマンになろうとする必要はないですよ。なりたい人がなればいいのです。

**あなたの被害者意識が、あなた自身を傷つけている。**

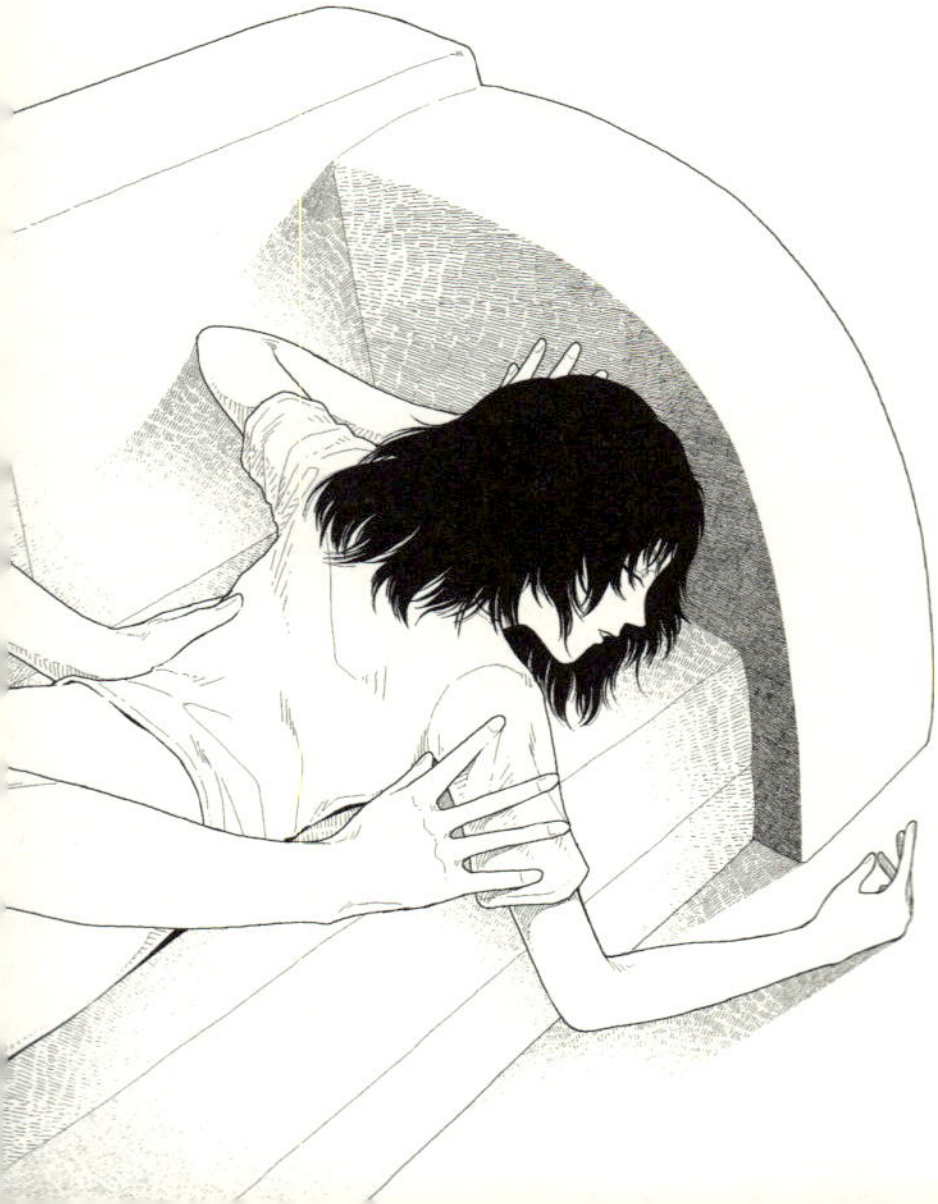

［8章］

# 自分を受容できるようになるための7つの方法。

8－1

# 感情は、考えないで感じきる。

あなたが今まで恋愛で苦しんできた理由のひとつに「自分の感情を、うまく処理できなかった」ことがあるのではないでしょうか。

たとえば彼氏の浮気を知ったとします。あなたは怒り、さみしさを「感じる」でしょう。

しかし同時に、そのことについて「考えて」もいるはずです。

「どうして彼は浮気をしたんだろう？」

「どうして私は浮気をされたんだろう。私よりも相手の女性の方が魅力的だったから？」

「相手の女の人は、どんな人なんだろう？」

「彼は、もう私のことを好きじゃないんだろうか？」

「これから、どうしよう……？」

ずんずんネガティブになって「あんたが悪いのよ！」と不安や不満を相手にぶつけて、傷つけあってしまったり。

あるいは「なかったこと」のように無理してふるまって、後で苦しくなってしまう。
涙が出てきたら出てきたで「どうして私は、こんなに弱いんだろう」「泣いちゃうような私は、ダメだ……」と罪悪感を持ったり自己嫌悪したり、なんてことも、ありませんか？

**子どものころ、親に「泣くんじゃない！」と意味もなく**それは親の心の穴だったのですが**怒られた経験がある人は「怒り・悲しみ・さみしさ」といった感情が湧くと、それらを「感じてはいけないもの、泣くのはダメなこと」と判断して、ガマンしてしまうことが多いようです。**

泣くことに罪悪感を持ってしまうだけでなく「悲しいはずなのに涙が出てこない。それが苦しい」という人もいます。

でも、**感じてはいけない「ダメな感情」なんて、ないんです。感情に良いも悪いもありません。**自分の感情を良いものか悪いものか「判断してしまう」のも、自己受容から遠ざかります。

相手のせいにするな、自分のせいにもするな。ガマンもするな、罪悪感も持つな。ではどうすればいいのでしょうか？

苦しい感情が湧いた時は、よけいな考えをめぐらせたり、自分を責めたり相手を責めたり、卑屈になったり自己正当化したりせず、**ただ自分の感情を「感じきって」みてください。**原因や、未来・過去のことなどを考えず、**ただ怒り、ただ悲しんでみてください。**

もしそうしたかったら一晩中びいびい泣いたり、枕やクッションを叩いて怒り狂ったりするのも良いでしょう。

自分の感情の炎に、水もかけず、かといって新しい燃料もくべず、湧きあがってくるものがおさまるまで感じきるのです。その方が早くラクになれるはずです。

ひとりで泣くのがどうしても苦しければ、同性の友だちの胸を借りて泣きましょう。異性の友だちだと「へんな気持ちになる」ことがあるから、なるべく、やめましょう。

感情が湧きあがるままにインターネットで「悲しみ」や「怒り」を書きつづったり、つぶやいたりする人もいます。

その内容に友だちからのリアクションが「あったり、なかったり」で、また興奮したり落ちこんだり……。

でも、**興奮したまま「インターネットで、言葉にする」のは、自己受容にとってクセモノ**なんです。

自己否定感やネガティブな興奮をすぐ文章にして恋の相手や友人に伝えることができる環境が増えすぎたことも、近年の「女性の自己受容できなさ」に拍車をかけています。

ネット上で「自分のネガティブ感情を自分のために言葉にして、書く」というのは、無意識のうちに人の目を気にすることであり、どんどんナルシシズムを強めていきます。本人に客観性があって、読んでくれる人を楽しませるために書いているなら、いいのですが。

気持ちを吐き出したい、自己分析したいという目的なら、自分だけしか見ないノートに書いた方がいいでしょう。

湧きあがった感情をすっかり感じきった後だと、スッキリして、頭もクリアになります。するとと冷静になれて「私は、こういうこと（できごとや、相手からの言葉）があると、こういうふうに（怒り・さみしさ・悲しみを）感じるんだな」と、わかります。

これが、自分では見えていなかった「自分の心の穴のかたち」を見つめることができた、ということです。

そこで初めて「これからどうすればよいか」を考え始めればいいのです。

ところで。

恋愛の相手との出来事であなたが感じる「苦しい感情」は、じつは幼いころ、あなたが親との関係で「その時は幼すぎて、どうすることもできなくて」苦しかったのと同じ感情です。

つまり、あなたは**親との関係でうまく処理できなかったものを、いまの恋の相手との関係で「再び感じる」ことで、乗り越えようとしている**のです。「心の穴は、ぜんぶ親にあけたられた」のですから。

だから今度こそ、親からの支配を抜けて自己受容するためにも、苦しい感情を「感じきる」ようにしてみてください。苦しさや混乱の奥に隠れていた、あなたに本当に必要なものが見えてきます。

自分で自分の感情を感じきる。その上で、冷静に今の気持ちと「あなたが本当に相手にやってほしいこと」を相手に伝える。

それが「自分の感情に責任を持つ」ということです。

## 8－2

# するのが「うれしい」ことだけをする。

あなたは、彼にフェラチオをすることは好きですか？　嫌いですか？

することと自体は嫌いじゃないのに「彼にしていると、なんだか苦しい」としたら。

あなたは**「彼に好かれるため、捨てられないため」**に、しているのかもしれません。

「せっかく私が、してあげたのに……」という気持ちになったり、自分が犠牲になっている感じがするとしたら、それは彼に「媚びて」いるのです。

本当は料理が好きでも楽しくもないのに、がんばっている女性がいます。
でも**「彼のために、これだけしているのだから、きっと私を愛してくれるはず」**とか「女は料理くらいできないと愛されない」という気持ちがあると、次第に「彼に愛されるために料理してる自分」に疲れてきます。彼も「作ってもらうことが、あたりまえ」になり、だんだん感謝してくれなくなります。

「男性の欲望や要望に応えることこそが私なりの愛」と思ってる人も、もし彼との関係に違和感や不安があるとしたら同じです。

**自分でも気づかないうちに彼に「媚《こ》び」を売って見返りを求め、彼から支配されたりナメられたりしているうちに「自己受容できない感」が深まっていきます。**


セックスでも料理でも、すること自体が「楽しい、うれしい」っていう気持ちがあれば、「せっかく、してあげたのに……」と自分を犠牲にしている気分にはなりません。

あなたが自分の喜びとして「彼との日常やセックス」を楽しんでいたら、彼はあなたが「して欲しいこと」を自然としてくれるようになります。

ところが「彼に愛されるために」やっていれば、彼はあなたの「いやがること」ばかりを、やり始めるでしょう。


愛されるために無理して相手の要求をのんだり、その見返りとして自分のして欲しいことを要求したりして、やがて傷ついていくのが恋です。

**「私のやりたいことが、彼のして欲しいこと」**に、**「彼のやりたいことが、私のして欲しいこと」**に、なっていくのが愛です。

## 媚《こ》びるフェラは「ヤリチンまぐろ」な男を生む

フェラチオが苦手な女性は「自分はイヤなのに彼に強要されて、どうしたらいいのかわからない」「がんばってしているけど、しているうちにだんだんセックス自体がイヤになってきた」と悩んでいたり、拒否しつづけることで彼との関係がギクシャクしてきたりするようです。

あなたがフェラチオをしたくないのに、いつも強要してくるような男性とつきあっているんだとしたら、自分の意思をきちんと伝えた上で話しあって、それでもダメなら彼との関係を根本的に考えた方がいいでしょう。

「フェラがないセックスは、セックスじゃない」とか「みんなしてるから、あなたもしなくちゃいけない」なんてことは、ないんです。

あなたが「フェラしたくない」のは、あなたの心の穴です。彼が「フェラさせたい」「他の男はみんなやってもらってるんだから俺もやってもらいたい」と思うのは彼の心の穴です。

彼が、あなたの「フェラ嫌い」「フェラ苦手意識」を受容してくれたら、いつかあなたは自然と彼にフェラしたくなる時が来るかもしれません。

頼まれるから断れなくて、または彼に嫌われるのが怖くて媚びてフェラチオしていると、あなたが自己受容できないだけじゃなく、**自動的に男はどんどんセックスが受け身になっていきます。**

ヤリチンに食われやすい**「自己受容していない女性」が、いちばんハマってしまうのが「受け身のヤリチン」**なんです。ある女性に「受け身のヤリチンって意味わかんない」って言われましたが、なに言ってんの、いちばん悪質なヤリチンは受け身のセックスしかしないヤリチンです。

恋をした女性は「彼を振り向かせたい」と思って、媚びたフェラチオや媚びた日常をがんばるわけですが、がんばればがんばるほど「セックスは騎乗位。フェラはさせるがクンニはしない。いばっているのに受け身のセックス。日常生活は支配的」に、なっていきます。

相手の顔色をうかがってばかりだと、いつまでも自己受容できないんです。

## 8－3
# 自分の「未来」を忘れてみる。

みんな「未来」という言葉に、縛《しば》られすぎてるんじゃないでしょうか。

未来というのは、そこで何が起こるかわからないから「未来」なのです。

「何歳までに、こうなっていたい」「何歳までに、こうなっていなければならない」「クリスマスまでに彼氏が欲しい」というのは**それは未来じゃなくて、予定か強迫観念**です。

「あなたの夢を実現し、すばらしい未来にするのは、あなたの努力次第」なんて言葉はたいてい広告です。「恋が女をキレイにする」の女性誌と同じ。

あなたがナルシシズムを刺激され、追いつめられて、自分の未来のために「努力」することで、どこかの会社が儲《もう》かるようになっているのです。

あるいは「親の呪い」もあるでしょう。親や世間が言うとおりのことを、するか、それに逆らうか。そのどちらかのために多くの人は「努力」しています。

そして理想の未来がうまく実現できないと、ヘコんで、自己受容できなくなってしまう。

自分で「私は運がいい」「人生、快調」と本気で思えている人は、いま目の前で起きているることを楽しめて面白がれる人です。計画した未来ではなく、現在の「起きた出来事」の中に、幸せや新しい価値を発見する能力を持っている、ともいえます。

そういう能力や感覚のことを**「セレンディピティ serendipity」**といいます。


やや不謹慎《ふきんしん》な例を出します。女性の読者の中には不愉快に感じる方も多いと思うので、先に謝っておきます。ごめんなさい。

ある種の男性は、風俗店にいきます。担当してくれる女の人が好みのタイプじゃなかった時、お店の人に言って「代えてもらう」ことが可能なお店もあります。

たとえば。ぽっちゃりした女性は好みじゃないのに、そういう人が、ついてしまった。

でも、あえてチェンジをせずに遊んでみたら、ぽっちゃりした人の「良さ」に気づいて、それ以来ぽっちゃりした女性が好きになってしまった……。

この男性はセレンディピティを発揮しています。

そういうお店で遊ぶ時に「男だったら、つべこべ言わないほうが、粋《イキ》だ」という考え方があります。お金を払ってるからといって「好みのタイプじゃなきゃイヤだ」とわめくのはカッコ悪いのです。

セレンディピティを意識できない人は、目標が達成された時、または運のいいことが起こった時、一瞬は喜べても、次には「それを失うこと」が怖くなって、どんどん苦しくなってしまいます。

恋愛でいうと「あの人と結婚したい」とか「この恋を叶えたい」とか「この関係を長続きさせたい」といった未来への希望や不安に夢中になってしまい、**おたがいの関係や相手の姿の「今」が、よく見えなくなってしまう**のです。

もちろん未来の予定をまったく立てないで、すべて「いきあたりばったり」に行動することは、できません。

でも、生きていれば「予定どおり」「計算どおり」いかないことは起こります。

その時に、何が起きても「悪いことが起こった」とは思わずに、つねに事態を良いほうにとらえて、味わって、それが自分に与えてくれる意味を感じ、受け入れる。

その方が、物事はうまく進んでいくのです。

さすがに最初から「何も求めないでいる」というのは、なかなか難しいでしょう。

「なるべく求めない」ためのコツは、

**「計画していた未来や、『こうありたい』自分の欲望に、こだわらない」**

**「何か『いいこと』が起きた時に、最初に持っていた欲望や願望を、うっかり忘れてみる」**

それは、つまり**「ナルシシズムを弱める」**ということでもあります。

どうしても女性のほうが男性より、恋愛に関して、未来に縛られる傾向が強いようです。

それは「彼氏がいないと、結婚できないと」みっともない、と意識してしまう世間体や、出産のタイムリミット等のせいなのかもしれません。なんにせよ「人と比べること」から苦しみが始まっていきます。

でも「子どもは、いつか産まなきゃいけない」なんてことは、ないんです。

逆に「私は仕事が優先だから、産めない」「いつまでも恋愛してたいから、産まない」とも自分の中で決めなくて、いいのです。

セレンディピティを意識して「偶然、起こったこと」をそのまま楽しんで面白がってると、あなたが求めていたものより、もっと「いいもの」が、あなたのもとにやってきます。

8－4

# 「女らしさ」で悩まない。

あなたは、自分を「女らしい」と思いますか？

彼氏や親から「もっと女らしくしろ」なんて言われたことはありますか？「私には女らしさが足りない」と劣等感や罪悪感を感じていないでしょうか？

もし「私なんか、女らしくなれっこない」「女らしくするなんて絶対ヤだ！」と、かたくなになっているとしたら、すこし見方を変えてみませんか。

子どもの頃から、「女らしく……」と強制されてきて苦しくて、「うまく女らしくできない」というトラウマがあり、女らしくするのが苦手だし嫌い。無理に女らしくしてると自分に嘘ついてる感じがする、という女性がとても多いのです。

たとえば料理が苦手な女性は、料理ができることが「女らしいこと」だと認識してるんじゃないでしょうか。男性が喜ぶような肉じゃがを作れることが「女らしさ」だと。

「肉じゃがを作れない私は、女らしくない。女らしくないから結婚できない」とか。

でも、そうじゃないんです。

**8-2**の、「媚びですること」と「するのが嬉しいからすること」のちがいを、思い出してください。料理をする女性には2種類います。

「男性からモテよう、彼氏から愛されようとして料理をする女性」と、「料理をするのが好きで、喜んで食べてくれる人に食べさせるのが好きで、その結果として恋人から感謝されてる女性」と。

前者の女性は「彼氏のため」と言うでしょうが、じつは自分が彼氏に「愛されるため」に料理してるのですから、それはナルシシズムです。

後者の女性は「料理することが好きで、それを喜んで食べてくれる人がいる」ということで自分自身を肯定できています。

そういう人が「女らしい女性」なのです。

つまり**「女らしい人」とは「愛されるという見返りを求めないで、自分の女性性で他人を楽しませたり、助けたりしてる人」**です。

ところが多くの女性たちが「男が喜ぶ料理が作れて、男性ウケするメイクやファッションを照れずにできて、それでモテている」女の人を「女らしい女性」だと思っている。

「いくつになっても美しくありたい」のも「男性にモテるために、恋人に愛されるために男が喜ぶことをする」のも、ナルシシズムです。

それは**「女らしい」のではなく「女であろうとしている」**のです。

うまくいってるうちはいいのですが、いつまでもそれにしがみついていると自己受容の機会を失って苦しくなっていくのではないでしょうか。

そして**「女らしくすること」は、べつに「男に媚びること」でも「あなたらしくなくなること」でもありません。**

あなたが自己受容しようとしないかぎり、どんなに「料理が上手になっても」「おしとやかな美人になっても」自分を女らしいとは思えないでしょう。

# 「女らしい」ことと「男らしい」ことは、同じ

　ある夜、僕はニューハーフの人や女装する男性が集うイベントに行きました。「普段は男性として暮らしてるけど、そういうイベントの時だけ女装する人たち」にまじって、僕も女装してみたんです。

　そのイベントには、女装の人だけでなく「女装した男性に興奮する」という男性も来ていました。僕の女装なんて、ただ「おっさんがカツラかぶってスカートはいただけ」でしたが、そんな姿に興奮してくれた紳士がいたんです。

　その紳士は、もしかしたら「女装してる男性」だったら誰でもよかったんじゃないかという気もするんですが、それでも「あー、俺の女装が、この人を楽しませてる」と思えて、なんだか幸せな気持ちになりました。

　その後、女装にハマるということはなかったんですが、その時の喜んでる僕は、自分で言うのもなんですが「女らしかった」んじゃないかと思うんです。

そのイベントには、すごく美しいニューハーフの人たちの集団も来ていました。僕は性格のいいニューハーフの人や、楽しい女装男性を何人か知ってますが、その時にいたニューハーフの人たちは「なんだかなー」って感じでした。

事情はわからないんですが2つのグループに分かれて対立していたらしく、どちらも「あたしたちの方が、あんたたちよりキレイよ！」って空気をバチバチ出してたんです。

僕は「あー、キレイだということは大変そうだなぁ」と思いました。彼女たちが「女であろうとしている」と感じたんです。

そして「せっかくキレイな女の姿になれてるのに、あの人たちは女らしくないなー」とも思ったんです。

「女であろう」としている人は、いつも自分と他人を比べてしまい、嫉妬心を抱いてしまいます。それはナルシシズムですから、はなやかに見えても孤独の地獄です。

公平を期するために書いておきたいのですが。

男性が「男であろう」とすることと「男らしく」することの関係にも、女性の「女であろう」とすることと「女らしい」の関係とまったく同じことが言えるんです。

**「男らしい」ということは「見返りを求めず、他人のために自分の力を使うこと」**です。

**男らしい人とは「他人に優しい人」のことです。それは「女らしい人」と同じです。**

「男であろう」とすることは「自分のナルシシズムを通すために、自分の男性としての力を使うこと」です。それは「女であろうとすること」と似ています。

「男であること」にこだわる人はプライドが高く、自分をゆずることができません。

それはパートナーの女性を傷つけますし、本人にとっても非常に苦しいことです。


ヤリチンも「男であろう」として、たくさんの女性とセックスするのです。ヤリチンは男らしくはありません。


だから、あなたが「どうも自分は、女らしくなれない……」「女らしくするのがイヤなんだけど、そうもいかない……」と悩むんだったら。

いっそ、**男らしくしちゃえば**いいんです。

女性であるあなたが「男らしく」ふるまっていたら、かならず周囲から「かっこいい」「女らしい」と言われます。男らしいということは「他人に優しい」ことなんですから、女性が女であることにとらわれず男らしくしていれば、「女らしく優しく」見えるんです。

でもそれは、あくまでも「男らしくする」でなくてはいけないのです。

「男に負けないように、がんばる」のは男らしくない。それは女なのに「男であろうとしている」ことです。

女であるあなたが「男であろう」としていると、必ず周囲から「女のヒステリー」と言われて、あなたは疲弊していきます。

女性であっても男性であっても、性別を変えたい人であっても性別が自分でよくわからない人であっても、男らしくしたかったら男らしくすればいいし、女らしくしたかったら女らしくすればいい。

男性が「女らしく」すると たとえば結婚してる男性が家事や育児を積極的にやると 周囲から「男らしい」と言われて、それは彼の自己受容・インチキではない自己肯定につながります。

パートナーとのあいだで、女性のほうが仕事が好きだったら、生活費を「男らしく」バリバリ稼いで、男性が「女らしく」家事や育児をしたっていい。

仕事は「男らしく」こなす女性が、セックスの時はマゾっぽくてもいい。

家庭的な「女らしい」女性が、セックスの時は そのほうが興奮するなら 自分から男性を愛撫しまくってもいい。

普段は「女らしい」優しい男性が、セックスでは恋人を攻めまくったっていいんです。

## 8－5

# セックスの時は、相手の目を見る。

ＡＶに出演してもらえる「一般人の、童貞くん」を募集したことがありました。女優さん相手に初体験してもらって、それを撮影しようと考えたのです。

集まってくれた人たちに「女優さんの前で自己アピールしてください」と指示したところ、ある童貞くんが、

「ボクは、したことはないんですが、きっとクンニがうまいです。いつも一人で練習してるんです！　これを見てください」

と言って、すごい速さでベロを空中で動かしはじめました。僕は思わずベロの動きを撮影してしまいましたが、女優さんはマジメな人だったので、

「そんなことだから、いつまでも童貞なんだよ。相手の反応を見ながら、もっとゆっくり動かさなきゃ」と教えてあげていました。

でも「この童貞くんと同じこと」つまり、**相手をよく見ずに「こういうものだと思いこ**

**んで」やらかしてしまっている女性**が、意外と多いんじゃないでしょうか。男性にも多いですけどね。

あなたはセックスのとき、目を開けてますか？　目を閉じてますか？

相手の目をちゃんと見ないでセックスしている女性が、多いんじゃないでしょうか。

恥ずかしいから、目を閉じるのかもしれません。

「女は目を閉じるものだ」と過去の男性や映画などから教わったのかもしれないし、「目を閉じてる方が集中できて、感じるから」という人も、いるでしょう。

でも「目を閉じてする」ということは、相手を無視して自分の世界に入りこみ、相手の体を使ってオナニーしているのと同じになってしまいます。

「オナニーはよくない」と言いたいのではありません。自分の「したいセックス（欲望＝心の穴のかたち）」を知る手がかりになるのですから、オナニーに罪悪感を持つ必要はないです。セックスがオナニーと同じ（相手が存在しない）になってしまうのが、よくないのです。

大先輩のＡＶ監督・代々木《よよぎ》忠《ただし》さんは**「セックスの最中は相手の目を見よう。相手の名前を呼ぼう」**と言いました。

それは「いま目の前にいるこの人とやってるんだ」と、おたがいに自覚することで、つながりや信頼感を確かめあえる、ということです。

**いちばん気持ちいいのは、見つめあい、おたがいの名前を呼び、「愛してる」と言いあっても照れない相手とするセックスです。**それがつまり「おたがい受容しあえている」セックスです。

もちろん「つねに絶対に目を開けてセックスしなければならない」というわけではありません。受容しあえて信頼できている相手とだったら、プレイの一環として「目隠しプレイ」をするのもいいでしょう。

女性が「イッたフリをする」のもオナニーと同じです。

「相手に悪いから」とか「早く終わって欲しいから」という理由でイッたふりをする人も多いようですが、相手に気を使っているようでいて、じつはバカにしていることにしかなりません。

イケないことに劣等感を持っている女性や、イッたフリをする女性、なんとか女をイカせようとする男性も、セックスの目標が「イクこと」にあると思いこんでますが、それはまちがいです。

**セックスの醍醐味は「彼が、私の行為と私の体で、気持ちよくなったこと」が私に伝わることであり、「私が、彼の行為と体で、気持ちよくなったこと」が彼に伝わることです。**

だから同じ「演技」でも、気分を高めるために「多少、大げさにエロくしてみせる」のは**相手も、そういうのが好きな男性なら**よいことです。

イクことは「気持ちよさ」のひとつのかたちにすぎませんし、快感が一方的だったり、その伝達が一方通行だったりではダメなんです。

気持ちよくないのにイッたふりをして、後で「あたし、なんでイケないんだろう……」と悩むんだったら、イクことにこだわらないことです。

**イッたふりをすればするほど、イケなくなります。**

イクことを「意識しなくなった時」にイケるようになります。

これは男性が「勃たせよう勃たせようと焦《あせ》ると、かえって勃たなくなる」のと同じです。

セックスに抵抗あるわけじゃなく、オナニーだったら簡単にイケるのに「セックスではイケない。イク寸前になると怖くなってしまう……」という女性も多いですよね。

AVの撮影現場でも「男優さん相手だったらイケるんだけど、じつは彼氏とのセックスでは、イケないの」という女優さんがいます。

誤解している人がいるんですが、これは「男優のセックスが上手だからイケる」のではありません。男優が相手だと思い入れがなく「私はどう思われているんだろう」「変なことをして軽蔑されるんじゃないか」といった心配をする必要がないので、心おきなく「気持ちよく」なれるのです。つまり、好きな人が相手だと「嫌われたくない」という思いが強すぎるから、イケないのです。

自己受容していない女性の中には「愛していない相手とのセックスの方が、感じる」という人もいます。

もしあなたが、相手の目を見てセックスするのが怖いんだとしたら、それは相手が「私を愛してないこと」が伝わってきたり、自分が「相手を愛していないこと」に気づいてしまったりするのが怖いからかもしれません。

「恥ずかしくて目をあけてしたことがない」としたら、だまされたと思って一度、相手の目を見たまま、してみてください。そのほうが何倍も気持ちいいですから。

もし、無理やり目をつむらせようとする男性がいたとしたら、彼は「恥ずかしがっている」というよりは「心に何か、うしろ暗いところがある」のかもしれません。

## 8－6

# 「自分が、人から感謝されていること」に気づく。

僕の知りあいに、摂食障害（過食嘔吐）をやっていた女性がいます。

おそらく、それは彼女の「生きづらさ」のあらわれだったんでしょう。

ある日、彼女はＳＭの女王様という職業につきました。

すると、世の中のマゾの男性たちの中には「女性からゲロを吐きかけられて興奮する」という人たちがいたのです。

そのことを知ってから、彼女は「食べたら吐いちゃう自分」に罪悪感や劣等感を持たなくなったそうです。

ネガティブな気持ちがなくなったら吐かなくなったのかというと、そんなことはありません。やっぱり彼女はたくさん食べては吐いています。

**「心の穴」は、なくならない。けれど、穴から湧いてくるのは「悪いもの」だけではなく「人**

**に喜んでもらえるもの、感謝されること」もある**んだということに気がついてラクになり、生きやすくなったという、これは非常に極端な例ですけれど。

今のあなたが「できないこと」や「思わずしてしまう、やめられないこと」に、**罪悪感や劣等感を持たなくていい**のです。

治せないクセや、食べ物の好き嫌い。「女として、これくらいはできないと」と言われているけど、できないこと。趣味。職業。ファッション。メイク。日常生活のスタイル。セックスのクセ……。

常識や世間体や親や、つきあっている彼の要望に合わせて「こうでなければならない」と自分を縛らなくて、いいのです。といっても犯罪だけは、やめた方がいいでしょう。

そして「未来の自分が、できるようになりたいこと」ではなく**「今の自分が無理なく**（がんばらずに）**できること、やりたいこと」**と、**「人に頼まれなくても、放っておかれても、してしまうこと」を、どんどん、していってください。**

そうすれば、おのずと「自分が、他人から感謝されていること」に気づけるようになるでしょう。

よく「生きていることに感謝しなさい」とか「感謝することが大切！」とかいわれます。

しかし、

「感謝が大切って言われているから感謝しなくちゃ！」

「感謝して生きていれば、きっといいことがある！」

と考えてする「感謝」は、見返りを求める「媚び」です。


ヤリチンに恋した自己受容してない女性が彼とセックスできると「私なんかとしてくれて、うれしい！」と、**感謝してしまう**ことがあるようです。一瞬は「幸せ」に包まれるのかもしれませんが、その感謝は後々「彼女の自己受容できなさ」を強める結果になってしまいます。


むしろ「じつは自分が、人から感謝されていること」に気づけるようになってください。

そのことに気づけるだけで、自分のほうからの感謝の気持ちも自然と湧いてくるでしょう。

「いや、私なんか、誰からも感謝されてない。されるはずがない」と思った、あなた。

本当に、そうでしょうか？

8−7

# 「愛されようとすること」を、やめてみる。

今の世の中は、女も男もみんな「愛されたい」んです。

自分からは愛さず、愛されるのを待ってるのが4章で書いた弱虫系男子。
恋してくれた女性とセックスだけして愛さないのが、ヤリチン。
それらの男にイラついて「あたしを愛しなさいよ！」と迫るのが、肉食系女子。

「愛されたい」と思うことが、いけないのではありません。
「愛されたい」という気持ちが強いあまり、人に愛してもらうことを求め、自分からは「相手を愛する」ことをせず、愛されるのを待っている。だから愛されない……、という悪循環で、苦しくなってしまうことに問題があるのです。

たまには「愛されようとすること」を休憩してみませんか。わざと憎まれるようなふるまいをしろってことじゃないですよ。嫌われるようにするというのは好かれようとすることの裏返し、というか「まったく同じ」です。

**「自分が人から好かれるとか嫌われるとかいうこと」に無頓着《むとんちゃく》になってみてください。**

それができた時、つまり自分で自分を受容した時に初めて「人から愛される」ようになるんです。

でも実際のところ、自分から「愛されようとするのをやめる」のは怖いですよね。

本当に愛されなくなってしまうんじゃないか、最後まで男の人から選ばれなかったらどうしよう、と思ってしまうかもしれません。

なるべく「そういう怖れ」を感じないで自己受容していくための具体的な手段を、この章に書きました。

**8−1　感情は、考えないで感じきる。**

**8−2　するのが「うれしい」ことだけをする。**

**8−3　自分の「未来」を忘れてみる。**

**8−4　「女らしさ」で悩まない。**

**8−5　セックスの時は、相手の目を見る。**

この5つは、どれも「愛されようとするのはほどほどにして、自分から愛する」ことを実践する方法なのです。

**8-4**は、あなたが男性であるなら、**「男であること」の上にあぐらをかかない**、ということだと思ってください。

そして**8-6「感謝されていることに気づく」**というのは、「じつは自分で思っているよりも、あなたは意外と肯定され、受容されている、愛されている」のを知ろう、ということ。

**ビョーク**というアイスランドの女性アーティストが歌う『**All is Full of Love**（すべては愛に満ちている）』という曲があります。この本で僕が書きたかったことが、20行たらずのシンプルな英語の詩で、ぜんぶ表現されています。

インターネットで検索すると、歌詞の全文や、日本語訳も見つかると思います。探してみてください。

［9章］

# 運命の相手は、どこにいるのか？

# 9－1

# あなたは、なぜ「恋をしてしまう」のか？

そもそも人間は、どうして恋をしちゃうのでしょうか。

よく「恋に理由なんてない！」と言う人がいますが、そういうことを言う人はだいたい「モテてる人」か「モテてる人を好きになっちゃって恋に狂っている人」ですが、じつはすべての「恋」には明確な理由があります。

「すてきな相手と出会ったから」では、ありません。

あなたが「今の自分じゃイヤだ」「もっとマシな自分になりたい」と無意識に思った時に、あなたの前を通りすぎた**「あなたを変えてくれそうな人」「あなたを、どこかに連れていってくれそうな人」**がステキに見えて、恋をしてしまうのです。

**惚れっぽい人というのは「つねに、自分を変えてほしいと思っている人」**なのです。

人は、自分ひとりではなかなか「変わる」ことができません。そして自分が変わることを怖く感じるものです。そこで、自分の心を揺さぶってくれて、あえて不安定にさせるような「何か」を必要とします。

「こんな私のままじゃダメだ！」という無意識の思いが、他人への欲望というかたちに変換された衝動が「誰かへの恋」なのです。

つまり「恋をしてしまった」ということは、あなたが「今の自分に満足していない」ということの証明です。

自己受容していない人が「誰かに恋をしてしまう」のは、ある意味とても自然なことなのです。

ところが**自己受容していない女性は恋すると、つらくなるようになっています。**

女性が「選ばれる側の性」だというのは古い価値観かもしれませんが、女性のナルシシズムは「男に選ばれること」で満足することが多いからです。

そして現代に生きる私たちの多くは、恋愛の結果として「結婚相手」と結ばれるものだ、それが自然だ、そうでなくてはいけないと思っています。

だから女性は恋愛がうまくいかないと、ただ傷つくだけじゃなくて「親族や世間からの期待」や「未来への夢」に応えらない自分を責めたり被害者意識が強くなったり、ますます「自己受容できなさ」が強まってしまう……。

でもね。

恋とは、女がしても男がしても「そもそも苦しいもの」なんです。

だって恋をすると自動的に「自分が自分を受容してないこと」が、わかってしまうのですから。

それなのに「幸せなはずの《恋を》しているのに、なぜか幸せになれない私はダメな女だ」と思うのは、おかしな話なのです。

相手がヤリチンだろうと草食系だろうとダメ男であろうと、恋をしてしまったあなたには、かならず「その時に、その恋をしなければならなかった理由」があります。

あなたは、その時「その恋を、どうしても、せざるをえなかった」という**自分の心の穴を、見なければならなかった**のです。

それが「あなたが、その恋をした」本当の理由です。

逆に「恋は、したほうが負け。女だったら男に恋をさせなきゃ」というのも そのほうが、たしかにラクでしょうけど おかしな話だとわかることでしょう。

おどろくべきことに、恋というのは、かならず終わります。終わりかたは「破れるか／うまくいって、恋が愛に変わるか」の2つに1つです。

ですから、どちらにせよ恋をしてしまった人は、やがて「人は、人を支配できない」ということを知ることになります。

**ふさがらない「自分の心の穴」がどんなかたちなのかを浮き彫りにするために、恋をしてしまう**と言ってもいいでしょう。

**恋の本当の目的は**「相手を得る」ことではなく、**自分を「わかる」ことにある**のです。

## 9－2

# 執着してくる相手を愛することは、できない。

今の自分を受容できるようになると、あなたに恋をした男性のことも肯定できる（愛せる）ようになります。しかし、あたりまえの話ですが「どんな人の恋でも受け入れて大丈夫」というわけではありません。

あなたに恋した彼は、あなたを本当に肯定しよう（愛そう）としているでしょうか？どんなに「好きだ」とか「愛してる」とか「大切にする」とか口で言っていたとしても、「君がこれをしてくれたら、これをしてあげる」「僕に都合よくしてくれたら、愛してあげる」といった条件を匂わせてくる人や、一緒にいて居心地の良さを感じない人などは、やめておきましょう。

あなたが「まだ《自己受容するということ》を考えてもいなかったころ」だったら、自分の「この人は好き、この人は嫌い」という感性を疑った方が良かったのですが、この本をここまで読んで「自己受容することが大切なんだ」とわかり始めたあなただったら、もう、自分の感覚を信じて大丈夫です。

**疑わしい恋をしてくる相手は、まず、あなたに媚びてきます。**

あなたを受容したいのではなく、自分のものにすることで支配したいからです。

たとえば昔の彼氏や、以前あなたが恋されたけど気が進まなくて断った男性が、何年かたって現れて、

「こんなに成長した僕を見て！　君のために、がんばったよ！」とか、

「君はあいかわらずひねくれているね。そろそろ素直になりなよ……」などと自らアピール、再アプローチをしてきたら、気をつけましょう。なんだかんだ理由をつけ「自分を正当化して近づいてくる」のは、インチキ自己肯定してる人です。

あなたに執着している人は、かつての「あなたと自分の関係」に憎しみを持っていて、あなたを支配することで「過去の自分に復讐したい」だけなのです。

自己受容は、他人からの「感謝」や「あなたへの恋」を、受け入れることからも始まる場合があります。けれど、それは人から無理やり受け入れさせられるものではないのです。

# 9－3 「甘やかすこと」と「受容すること」は、ちがう。

一見うまくいっているように見える「ダメなカップル」には、以下の３つのパターンがあります。

**①「インチキ自己肯定した者同士」の結婚**

夫は社会的にはマトモ（たとえば、お金持ち）だけどインチキ自己肯定していて、妻を愛せていない。妻も、旦那のお金でナルシシズムだけを満足させ、買物依存になったり、教育ママになったり。

周囲からは「何ひとつ不自由ない暮らし」をしてるように見えますが、おたがいパートナーと向きあっていない。つまり、甘やかしあっている愛のない関係です。

もし男女とも一生インチキ自己肯定をつづけられて別れなかったとしても、ふたりの間の子どもの心には、でっかい穴があきます。

## ②「インチキ自己肯定してる男と、恋する女」の恋愛

この本で、ずっと説明してきた例です。自己受容していない女性は、インチキ自己肯定をしている男性に恋をして、支配してもらいたがります。つきあってくれた（支配してくれた）代償として彼女は、彼を甘やかします。

彼女が本当にして欲しかったことは支配されることではなく、愛してもらう（受容してもらう）ことなんですが、恋をされた「インチキ自己肯定男」が彼女に対してすることは決まっていて、精神的な虐待です。

彼自身も気づいていないけれど、自分に恋する女をバカにして、憎んでいるからです。

で、そのうち彼女はブチ切れます。

……さて、自己受容すること自分と相手を愛することが大切だとわかったあなたが気をつけなければならないのが、次のようなパターンにならないことです。

## ③「愛そうとする女と、乗り越えようとする男」の恋愛

せっかく自己受容しかけていた女性が、自己受容していない男の恋を受け入れて、足をひっぱられてしまう関係です。

これは女性が「男らしい、かっこいい女性」であることが多いようです。

彼女は仕事や生活面などでも「男であろう、無理して男に勝とう」とせず、自然体で男らしく つまり女らしく やってこれていた。

そんな彼女が、今まで恋されたことのないタイプ、たとえば年下の彼に恋されて、うっかり「かわいい」とか思って甘やかしてしまうと、もともと彼女の「強さ」に魅力を感じて、恋という名の憎しみを抱いていた彼は、彼女を「乗り越えよう、支配しよう」としだすでしょう。


**「甘やかすこと」と「受容すること」は、似ているようで、まったくちがいます。**

甘やかされた男は「男らしく」ならないで、「男であろう」としてしまうのです。

そこに待っているのはインチキ自己肯定か、男らしくなりきれない自己嫌悪です。


相手を失うことを怖れるあまり自分自身をごまかして、本当なら受容できない相手の言動を見て見ぬフリするのが「甘やかす」こと。ごまかしがある関係は、いずれ、おかしくなっていきます。

相手を失うかどうかとは関係なく、相手の「ありかた」をそのまま認めるのが「受容する」ことです。

# 9－4 恋人とのケンカのしかた。

どちらかから恋をして、とりあえず「つきあい始めた」二人が、ケンカになっちゃうこともあるでしょう。

とつぜんキレて怒りだすのは、たいてい恋してる側 恋愛の力関係で支配されている側 の人です。恋してる側は、恋しているからこそ日々の不満をガマンして溜めこんで、ある時とつぜん爆発してしまいます。

3章でも書いたように、そもそも「恋は、憎しみと同じ」なのですから、不満を溜めこんでいく日常は、ろくなことになりません。

あなたが恋してる側だとしたら、恋の相手とケンカをする時に気をつけてほしいことがあります。

不満を伝える時に、ただ感情的になって「このイラだちを、どうにかしてよ!」と憎しみをぶつけるのではなく、**憎しみが湧いてくる自分の「心の穴」を知ろうとしながら怒ってください。**

**◆相手に何をされた時に、どんな気持ちになったのか？**

**◆その時に、本当は何と言ってほしかったのか、何をしてほしかったのか。それは、なぜなのか？**

に、注目してみてください。自分の心の穴のかたちが、わかってくるはずです。

恋の相手への怒りは、見方を変えれば**「自分と相手の心の穴の存在を、怒っている」**ということなんです。

いらだつ感情を、時間をかけていいからまず静めましょう。8−1を参考にしてください。そして「何をしてほしいのか」を冷静に相手に伝えましょう。その時に「相手を失うこと」を、怖いでしょうけど怖れてはいけません。

「なかなおり」したいのなら、なおさら「もし彼を失ってしまうとしても、私は今、私に必要なことが何なのか彼に伝えなければならない」と覚悟しましょう。

# 9−5
# 「なかなおり」の方法。

二人の関係を前進させるためには、**恋されている側が**相手の怒りを受けとめて、誠実に真摯に「**あやまる**」ことが必要なんです。

なぜなら、**恋してる側の「その怒り」にこそ、「二人の弱点」つまり「おたがいの心の穴」が、うつしだされている**からです。

その場を取りつくろうために、とりあえず「ごめん」と言うのでは意味がありません。うわべだけであやまられると、恋してる側だって別れたくはないから自分のほうが傷つけられているにもかかわらず、とりあえず感情的になったことを反省したり、自己嫌悪したりしてしまう。それでは永遠に「おたがい肯定しあえて、自分を受容できる」愛のある関係には、なれません。

自分は恋されているからといって上から目線になるのではなく、相手の「怒り」が二人の関係のダークサイドをあらわしているんだということを理解しましょう。**相手の心の穴が、自分の心の穴の「どんな部分に、どのように反応したのか」を考える**んです。自分がどんな心の穴を持っているのかを自覚した上で、相手の心の穴を刺激してしまったことを、あやまる。

もしも相手の怒りが理不尽なものだと思っても、穴を刺激して傷つけてしまったことは事実です。あなたが相手を傷つけてしまったのは、心の底では「恋されている自分」を受容してないから。つまり「おたがいさま」なんです。

**どっちが「正しいか、まちがってるか」「良いか悪いか」で判断することをやめましょう。**

恋してる側が怒ったら、恋されている側は理屈や正論で返さずに、まじめに、あやまる。そして、おたがいが本当は相手に「何をしてほしいのか」を真剣に話しあう。苦しまずにできることは、する。できないことは「ごめん。できない」と言う。

それをくり返していくことによって、二人の「恋してる／恋されている」という支配の関係は、おたがい「肯定し受容し、愛しあう」関係に変化していく可能性があります。

おたがいの心の穴のかたちを、ちゃんと見る気があるかどうか。そのために「ごまかす」のではなく「あやまる」ことは、恋されている側にしか、できないのです。

# ケンカと恋の、支配関係

「恋されている側＝恋愛の力関係で、支配してる側」が怒るのは、恋してる側が支配に従わない時です。

恋されている側が、なんだか「いつも機嫌が悪い人」のように見えることもありますが、そういう人は「怖がらせて、相手を支配している」のです。

自分の心の穴を埋めるために、おたがいを利用しあっている関係の二人は、ケンカになった時、恋されている側が適当なことを言って丸めこもうとしたり、逆ギレして恋してる側を突き放したりすることが多いようです。「イヤだったら別れてもいいんだよ」という最終兵器を持ち出すこともあるでしょう。

それをされた「恋してる側」が女性だと、彼女は「被害者意識と自己否定感のかたまり」になってしまいます。

恋されている男性は、自分が感じてる罪悪感を無視しようとして、ますますインチキ自己肯定が強固になっていきます。

そうしてると二人とも、いつまでも自己受容できないままです。**恋してる側が男性だと、逆ギレに対して、さらにキレて暴力をふるい、それで関係が終わることもあるようです。**

心の穴が反応しあって「つきあいはじめた」のだから、おたがいの心の穴を見るために、最終的には向きあうしかありません。

それがどうしてもできない関係だったら、早めに別れたほうがいいでしょう。

## 9－6 別れの作法。

恋というものは、いつかかならず「終わる」のです。恋のままで一生つづくということは、ありません。9−1でも書きましたが、

一緒にいると傷つくことのほうが多い相手だとわかって「恋がやぶれる」か。

おたがいを受容しあえて「恋が愛に変わる」か。どちらかです。

恋が愛には変わらず、別れることになった時。

自己受容していない人 その恋愛では自己受容できなかった人 は、別れの混乱のあまり、今までの苦しみを「相手のせい」にして憎んでしまうことがあります。

でもそれは自分の悪いところ、自己受容できない部分を「相手の中」に見て、じつは自分自身を憎んでいるんです。自分自身と別れることはできないから「相手を憎まないと、いられない」のかもしれません。これは恋愛関係の清算だけじゃなく、トラブルが起きて壊れた友情にもいえ

ることです。

「どうせ別れるんだったら、憎んだほうが別れやすい」と思う人もいるかもしれません。

しかし、相手を憎んだまま恋を終わらせると、同じような相手　**心の穴の刺激されると苦しい部分を、わざわざ触りあうような人**　をまた好きになってしまう可能性が高いです。


僕の知人に、つきあった相手と別れる時は「いつもかならず憎んでしまう」「新しく恋人ができても、前の男への憎しみは消えないまま」という女性がいます。

しかし、ある男性の時だけ、憎まないですんなり別れられることができて、その後も友だちの関係でいられるようになって、そんな自分におどろいたんだそうです。

それは彼が「別れの原因」を彼女のせいにも自分のせいにもしないで、おたがいの心の穴を肯定・受容して別れたからでした。理由はどうあれ「おたがいの存在を肯定して、別れる」ことができると、相手を憎まずにすむんです。


おたがいを肯定して別れるためには、まず相手の中に見ていた自分の悪い部分を「私には、こういうところがあったんだな」と知って、罪悪感も被害者意識も持たずに、許すことです。開き直って自己正当化せず、自分を責めることも、相手を悪者にすることもなく、相手に迷惑をかけたり傷つけたりしたこと自体は反省した上で、その自分の悪い部分や、欠点だと思ってる部分を受容するんです。

あなたを傷つけた相手を許せなくて苦しい場合は、許さなくていいです。それが「相手を許すこと」につながります。まずは「相手を許せない自分を受容すること」から始めてみてください。


そして、あなたを傷つける相手の心の穴に（その穴が「あなたにとっての相手の魅力」だったんですが）これ以上、傷つけられないように。そして相手を傷つけないために。

その人から遠くに離れましょう。

物理的にも精神的にも、肯定できる距離まで、相手のことを気にせずにいられる場所まで、そっと離れるんです。

それが、その人を「肯定して別れる」つまり「最終的には許して、執着しないで、別れた後でも愛すること」です。

それができたら、あなたは「次の恋人との関係」で、これまでよりももっとうまく、おたがいを受容しあえる（愛しあえる）ようになってる自分を感じられるかもしれません。

## 「あきらめる」という言葉の意味

恋するということは「欲しがること」ですから、苦しいけれど刺激的で、楽しくもあるでしょう。

愛するということは「欲しがること」ではなくて、自分や相手の心の穴を「見ること」です。もしかしたら、それほど楽しいことではないかもしれません。

「見る」とは、正しいか正しくないか、よいか悪いかの判断をせずに、おたがいの心の穴を認めて、受容することです。目の前にあるものを大事にするということです。

それは、何かを「あきらめること」でもあります。

あきらめる、っていうと悪いイメージがありますよね。「あきらめたら負けだ！」とか「あきらめたら、そこで終わり」とか。

でも、じつは「あきらめる」という言葉がネガティブな意味で使われるようになったのは最近のことなんだそうです。
「あきらめる」は、もともと「あきらかにする」と同じ言葉で「本当のことを知る」という意味がありました。

「欲しいけど手に入らないもの」をしぶしぶあきらめるんじゃなくて、**「自分を苦しめるものは、本当は自分には必要じゃないものなんだ」ということを知って、あきらめる。**

そして「別れた人のことを、あきらめる」だけじゃなく、「この人を愛する」「ずっと、この人を愛しつづける」ためには、やはり、あなたの中の**自分に向かっている何か**も、あきらめなくてはならないのです。
恋の相手なら「理想の相手」かもしれませんが、愛の相手は「あなたと同じで欠陥もある、生身の人間」なのですから。

その時は、暗い部屋の中で沈んだ気持ちであきらめるんじゃなくて、明るい光のほうを向いて、あきらめる。

**いま求めているものは手に入らないかもしれないけれど、もっと自分にしっくりくる、別の明るいものがあるということを信じて、あきらめるんです。**

そうすれば「あきらめること」を今までより苦しく感じないんじゃないでしょうか。

恋を失いそうな時、相手に執着したくなる自分の気持ちに気がついたら、こう思ってみてください。

「自分にできないことは、やらなくていい」

愛することと愛されることが、できそうなのに、やっぱり何かをあきらめきれない、逃げ出したくなってる自分に気がついたら、こう思ってみてください。

「もうそろそろ『もっと！　これ以上！』って思わなくていい」

手に入らないものを手に入れようとする「努力」が「あなたを苦しめる」なら、それは欲しがらなくていいものなのです。

## 9-7

# 理想の二人。

今のあなたの頭の中の「理想の相手」は、この世に存在しません。

でも、あなたと二人で「理想的なカップル」になれる人、あなたが「幸せな恋愛関係」を結べる相手は、どこかに、かならずいます。

それは**その人の存在によって、あなたが「自分を受容してもいいんだ」ということに気づける人**です。

あなたが恋した「憧れの人」でも、もちろん「あなたを傷つける人」でも、ありません。

重要なのは、あなたが無理せず「愛することができる(受容できる)相手」だということ。

理想的な二人のパターンを、あげてみましょう。

**①「恋する男と、愛する女」な二人**

まじめな男が女に恋したことで彼女が自己受容できて、その恋から逃げず、つきあい始めてからも彼は彼女に恋しつづけ、彼女が彼をバカにせず、甘やかさず、受容・肯定し続ける（愛せている）ことで、やがて「彼の恋が、愛に変わっていく」パターン。

②**「相思相愛」**

おたがいを尊敬しあい、「パートナーがいるから、自分は自己受容できてるんだ」という自覚が双方にあり、そのことを感謝しあえてるパターン。

①は「ほほえましい二人」、②は「大人な二人」と周囲から言われるでしょう。どちらも「相手を愛しているけど、甘やかしていない」そして**「おたがい、その相手が必要」**です。

「女が男に恋してることで男が自己受容して、すごく優しい男になってくれる」というおそらく、あなたがいちばん「そうありたい」であろう第三のパターンは、ないんでしょうか？

なかなか、難しいです。今の世の中**「女から恋されると、それだけでインチキ自己肯定しちゃう男」が多い**からです。

## 9－8

# あなたを幸せにする相手の見わけかた。

あなたを幸せにしてくれる男性は、
かんたんにインチキ自己肯定してしまう男でもなく、
自己受容する気がない男でもなく、
**「自分の意志で、ちゃんと自己受容しようとしている男性」です。**

具体的なチェックポイントをあげてみましょう。

◇**まだ自己受容できていないことが、自分でわかっている**

◇**自分の心の穴が、他人に迷惑をかけてしまうことを知っている**

◇**そのことに、開き直ってはいない** 開き直ってるのが『インチキ自己肯定』です

◇**「あなたの心の穴」を否定しないが、甘やかさない** 悪い男は、あなたを否定したり逆に甘やか

したりすることで「支配しよう」とします。「悪い親」がすることと同じです

**◇上から目線で「あなたを理解したフリ」をせず、そのまま受容しようとしてくれる**
**◇一緒にいて、なんとなく居心地がいい**
**◇そのことを、おたがいに感謝しあえる**

そして、いちばん重要なのが、

**◇一緒にいることで、あなた自身も相手も、いい方向に変わっていける**

そういう人が、あなたの「運命の人」です。

愛しあえる（受容しあえる）かどうかのカギは、**「相性」**と**「タイミング」**だけだったりします。

だから「自分の恋」に、こだわらないでください。

むしろ、つらい恋を終わらせたばかりで自己否定感がマックスになった瞬間、「これ以上自己否定してたら、もう死んじゃうよー。ほんのちょっとでもいいから自己

受容を始めたい」

という気持ちになった時に、ちょうど偶然あなたのそばにいた人が「あなたが愛せる人」だったりすることが、あります。セレンディピティです!

もちろん、そうじゃない場合もあります。セレンディピティというのは、へんに最初から期待していると絶対うまくいきません。

## あとがき

あまりにもしつこく「自己受容！　自己受容！」と言いつづけたので、読んでるうちに「自己受容してない上にナルシストな私は、ダメな女だ……」と、かえって自己否定的な気分になってしまった人もいるかもしれませんね。
でも100％完全に自己受容できてる人なんて、この世に一人もいませんし。

恋をすると「女性は苦しくなる」とも言いました。でも「だから恋は禁止」と言いたいんじゃないんです。
つい恋しちゃって苦しんで、自分の心の穴を知って、それで誰かを愛せるようになって、ちょっとだけ「自己受容できる」ようになる。そのために「つい恋をしちゃう」んです。

だからうっかり恋をしても、その恋に縛《しば》られないでください。

「恋に縛られること」が快感な人は、その快感を求めてるのが「自分の心の穴なんだ」ということを知ってください。

苦しい恋が「苦しいけれど、キモチいい」というのは迷信です。

「愛に変わっていく恋」のほうが、何百倍もキモチいいです。

「心の穴は、おたがいさま」だということも言いました。

たしかに「あなたが恋しちゃった相手が、あなたを苦しめる」のは彼の心の穴のせいです。

が、だからといって、あなたが彼に「ちゃんと自分の心の穴を見なよ！」とか「○○君はインチキ自己肯定していてムカツクよ！」とか言ったり、この本を読ませたりしても、なにも始まりません。

「正論」というものは通じないんです。

なぜかというと、それを彼に向かって言ってるあなたは、彼を愛しているのではなく、まだ彼に恋してるからです。心の奥にある「ほんとうは彼を支配したい」という気持ちが、それを言わせてしまうのです。そして、そういう時に発する言葉は、ぜったいに相手に伝わらないんです。

自己受容は、たとえ恋人であっても他人が「させる」ことはできません。相手の心の穴につけ入って「恋させる」ことはできます。それをやってる人は、いっぱいいます。

でも、むりやり「愛させる」ことはできないんです。

なるべく愛しましょう。愛せない相手からは、なるべく遠ざかりましょう。出会った人の全員を「愛せる」わけでは、ありません。

でも、どうせだったら「愛の多い人生」のほうが、「自分のことを受容して相手のことも肯定できる人生」のほうが、いいでしょう。

きれいごとで言ってるんじゃなくて、そのほうが人間は「楽しいし、生きていきやすい」んです。

のびのびと恋愛やセックスを楽しむ女性が、一人でも増えますように。

二〇一一年二月一二日　二村ヒトシ

# 男性読者のためのあとがき

女性読者に言ったのと同じことを言います。あなたが「彼女を救いたい！」と思って、この本に書いてあることを彼女に向かって語りまくったとしてもダメです。あなたは心の底で「彼女を支配したい」と思っているわけですから。

相手の心の穴が「見えちゃった」ということは、あなたにも似たような穴があいているということなんですってば。

女性の「恋やセックスの苦しみ」は、女性だけの問題ではありません。彼女たちが「男を愛せる」「男から愛される」ようになるためには、男たちも自己受容を（インチキじゃない自己肯定を）していかないといかんと思います。

その具体的な方法は、また別の本で書きます。

［10章］

# 女性読者の恋のお悩みに答える

## 10－1

# A子さん(26歳)の場合
# ～彼氏がオレ様だった～

**二村**　A子さんは今まで、どんな男性とつきあうことが多かったですか?

**A子さん**　この本の中で二村さんは、自己受容できない男性たちを【ヤリチン】【ダメなオタク】【オレ様】【ストーカー】って分類してらしたじゃないですか。1年ぐらい前まで交際していた相手は完全な【オレ様】でした。つきあう前は【オタク】だったのに、つきあっていくうちにどんどん、オレ様タイプに移行してしまったんです。

**二村**　オタク的な男性に彼女ができると、とたんに支配的な【オレ様】や【ヤリチン】になることはしばしばあります。彼はどういう人だったの?

**A子さん**　自分のことばかり考えている人で、自分の生活を守ることが第一でした。私が入り込む余地を与えてくれなかった。最初は私も彼に合わせていたんですけど、次第に彼が自分のペースだけで生活していくのを良しとするのが、つらくなってきちゃったんです。

**二村**　彼は浮気は、しました?

**A子さん**　うーん、たぶんそれはなかったと思います。

**二村**　ちゃんと働いていた？　あるいは、すごくあなたを束縛するとか。具体的に「どこがダメ」だったんでしょう。

**A子さん**　収入自体は私のほうが多かったですけど、彼にもちゃんと定職はありました。束縛する人でもなかったですね。

**二村**　それだけ聞くと客観的には「なにが問題だったんだろう」とも思われちゃいますよね。ヤリチンだったら浮気が問題、ストーカーは迷惑だっていう実害が出るわけなんだけど、オレ様からの**【漠然とした支配】**は、された当人でないとその苦しさは他人にはなかなか理解してもらえないんだよね。

## ミュージシャン志望の自称・アウトローな男

**A子さん**　じつは、その彼はミュージシャン志望だったんです。「アウトロー的な生き方」に憧れを持っているタイプというか。

**二村**　自分のことを「特別な人間だ」と思うことでインチキ自己肯定していたのかもしれないですね。そうなるとA子さんがいらだつことも多かったでしょう。

**A子さん**　そうですね。腹が立ったのは、結婚に対する意識の違いです。私には人並みに結婚願望もあって、そのことを彼には伝えてたんです。彼も「結婚するなら君だ」とは言ってくれていた。「だったら貯金もしなくちゃね」っていう話もしていたのに彼はそのつもりがなくて。将来に向けてなにかするよりは、毎日飲み歩いたり、自分の好きなガジェットを買ったりするほうを優先させるんですよね。まぁ、年齢的にも20代半ばでまだ若かったから、しょうがないと言えばしょうがないんですけど。

**二村** 日常の中で、A子さんの方がけっこうお金の面倒をみてたりしてた？

**A子さん** 貢いでいたっていうほどではないですけど、外食代とか旅行代とかは、私が全額出すこともありましたね。

**二村** 女性のほうが稼いでいるんだったら、お金は持ってるほうが出すというのは、おたがいがそれで傷つかないんだったら、べつに問題ないと僕は思うんです。「金を稼いでいる」ってことを盾にとって支配してくる【オレ様】も多いし。

**A子さん** 気になっていたのは、たいして収入ないのに、なぜか彼が都心の一等地に部屋を借りていたことです。収入にまったく見合ってない分不相応な家賃の家にずっと住んでいたんです。貯金の残高が10万円切っているにもかかわらず、ですよ？ 20代半ばを過ぎたら、いつまでもそんな生活してちゃダメだと思ったんです。だから「少しやりくりを見直そうね」と言ってみたんですけど、まったく改善する様子もなく。「せめて家賃が安い部屋に引っ越したら？」と言ったら、「お金がなくても都心に住むことは俺が憧れる生き方だから、絶対に引っ越するのはイヤだ」って言われて。

**二村**　彼にとっては、金がないのに都心に住む＝アウトロー的な生活なんだね……。

## 「まったく自分を変える気がない男」との恋愛

**A子さん**　それが結局、別れるきっかけにもなりました。べつに彼が都心に住みたいならそれでもいいんです。そういうことじゃなくて、一緒にいても私の希望や意見はことごとく無視される。怒りよりも悲しかったですね。彼は、ぜんぜん自分を変える気がなくて、このままじゃこの先ずっと一緒に生きていくことはできないだろうな、とも思いました。

**二村**　「変わる気がない」のってミュージシャンを目指してる人としては、ヤバいんじゃないですかね。表現者（って言い方も、そういう人を特別あつかいしてるようで恥ずかしいけど）とか芸術家って、自分自身が「変わっていくこと」でしか創作も制作も続けていけないものだと思うんです。ところが世間では、才能ある人ほど頑固なものだ、みたいな伝説が流布してる。その結果「ほんとうは自分の才能に自信がないんだけど、表現者になりたい人」ほど、カタチから入ろうとする傾向があるんだよな……。

これって芸術系の人に限った話じゃなく、ビジネス系で「いわゆる意識高い系の男性」

にも見られる傾向です。ほんとうは自信がなくて、そんな自分を受容できてない人ほど、身近な人（恋人や部下）に対して支配的になり、自分のスタイルをまげない。

**A子さん**　会社にも、そういう人います。

**二村**　A子さんの元彼みたいな人って、つまり自分のフィールドを守ることに執着しているんですよ。でもね、表現者だろうがビジネスマンだろうが、男性だろうが女性だろうが、人生で「結果を出しながら、楽しんで生きていく」っていうことは「他人と接することで、自分自身が変化していくことを怖れない」ってことだから。

もっと言うと、人間が何のために恋愛や結婚をするのか。そもそも、なぜ恋に落ちてしまうのか。多くの女性は「幸せになるため」って答えるだろうし、男性の場合は「幸せになりたいから」と「セックスしたいから」って答えが半々くらいだろうけど、それ、間違いだから。

**A子さん**　え、そうなんですか？

**二村**　人を好きになること＝恋することって、結果的に「自分に欠けていた部分が何なのか、強制的に気づかされること」なんだよね。つまり、人は「自分自身を知るため」に恋に落ちるんです。つきあって他者と深い関係になれば、かならず摩擦が起きて、その他者と自分の【心の穴】が見えてくる。

でも彼の場合はA子さんとの関係にコミットせずに、かたくなに自分を守ってしまった、そのことが家賃問題に表れてる。お金のことって象徴的だよね。

**A子さん**　私も、べつにお金持ちの人と結婚したいとか、そういうわけじゃないんです……。

**二村**　たぶんね、A子さんの「いいトシなんだから、ちゃんとして。身の丈に合った部屋に住んで」って言葉は、もともと彼自身が持っていた罪悪感・潜在的な自己否定感が、A子さんに作用して「言わせた」んだよ。いずれ「そういうこと」を言い出しそうなあなたを、わざわざ恋人として選んだのだとも言える。彼は無意識のうちに、あなたが必ず怒るようなふるまいをして、わざわざ怒らせて、その怒りをあえて無視することで、自分の中の罪悪感を無視しようとしたんです。

彼は自分自身を知ろうとすることよりも、あなたをねじ伏せようとすることのほうにエネルギーを使ってしまった感じがします。本当に都心に住むことが必要だったんじゃなく、極論を言えば、あなたをいらだたせるために都心から引っ越さなかった可能性だってありますよ。つまり、自分の中の罪悪感の象徴である「あなた」を攻撃するために。

**A子さん**　えええ、そうだったとしたらショックです……。

**二村**　ちなみに、どちらから「つきあおう」って言い出したの？

**A子さん**　向こうからです。

**二村**　自己受容していない人間の【恋】という感情の中には、最初から【憎しみ】が含まれています。

あなたに「これはダメだよ」とかいろいろ言われても「オレはこのままで、いいんだ！」と言い張ることで、インチキ自己肯定している。つまりインチキ自己肯定の道具として、彼はあなたのことを好きになっていたんじゃないかな。

そして、恋愛の破局って「どちらかだけが一方的に悪かった」ってことって、ないと思うんですよ。A子さんの側にも、彼と出会って交際してしまわざるをえなかった【心の穴】が空いていたんじゃないでしょうか。

**A子さん**　私、けっこうダメ男を好きになりがちなんです。新しい恋人ができるたびに周囲の人から「彼を甘やかしすぎ」ってよく言われるんですけど。彼が悪いんじゃなくて、もしかすると私自身がダメ男を作ってしまってるんでしょうか。

**二村**　その「私のせいで相手をダメ人間にしてるのかも」っていう不安も、A子さんの自分を受容してないところから生まれているんだと思いますけどね。どういうところが「甘やかしてる」んですか？

**A子さん**　これもよく周囲の人に言われるんですけど、私は男性に対して、あまり「ああしろ、こうしろ」って言わないんですよ。前の彼氏にはさすがに貯金や家賃のことは意見してしまったんですけど、それ以外の、時間の使い方とかデートの行き先とかはだいたい相手に任せていました。できるだけ相手の考え方には干渉しないようにしたいので……。

**二村**　干渉して相手に嫌われるのが怖かったのかな。

## 幼少期に両親から言われた言葉「しっかりしなさい」「思いやりを持ちなさい」

**二村**　やってることのひとつひとつが問題なんじゃなく、根本に自己否定感があるかぎり、どっちに進んでも、その自己否定感で引き裂かれてしまうんです。そういう「引き裂かれ」を味わうために、それを味わわせてくれるような男性を選んでいたんじゃないかな。

**A子さん**　えっ？

**二村**　A子さんは、子どものころは甘やかされて育ちました？　厳格に育てられました？

**A子さん**　甘やかしてはもらえないほうだったんじゃないかと思います。下に弟がいるので「お姉ちゃんなんだから、もっとしっかりしなさい」とはよく言われました。

**二村**　「弟がいる長女」って、けっこう大変な目に遭って育つ人が多いよね。

**A子さん**　そうなんですね……。あと、両親から言われてよく覚えているのは「あなたは思いやりがないから、もっと他人を思いやりなさい」って言葉です。

**二村**　親って生き物はさ、ほんとに、よく平気でそういうこと言うよね……。でも、その一言も、ご両親は思いつめて言ったわけじゃなくて、たまたま弟さんと普通にケンカか何かしてたA子さんを見て無意識に口から出た、たいして意味のない一言だったんじゃないかな。

**A子さん**　……。

**二村**　その言葉がA子さんに刻みつけられちゃってる。A子さんって見た目もとても優しい雰囲気で、思いやりも深そうな印象です。

**A子さん**　いえ、そんなことないです。

**二村**　って、ほら、すぐ反射的にそう答えちゃうでしょ？　自分のことを、そういうふうには思えない、思ったら恥ずかしいと感じるんだろうけど、他人はあなたにそういう印象を持つんだから、あきらめて、それは受け入れたほうがいいよ。

あなたはたぶん、人に優しくできないと罪悪感を持っちゃう人柄なんでしょう。それもあなたの【親に空けられた心の穴】から生まれている。人の持つ雰囲気って、あたりまえだけど、その人の心が表れるよね。外見の特徴だって肉体の遺伝的な因子だけだと説明つかない。僕なんて小さい頃から母親に「ヒトシはチンコがでっかいね！　女の子を泣かすんじゃないよ！」と言われつづけて育ったら、ほんとにでかくなってしまいました……。

**A子さん**　えー！（笑）

**二村**　A子さんがダメな男に惹かれるのは、弟さんとの関係・ご両親との関係が影響しているような気がします。「自分がしっかりしなきゃ」「思いやりのある人間にならなきゃ」っていつも思いながら育ってきたからこそ「この人の尻拭いを、私がしなくちゃ」って思っちゃうんじゃないかな？　相手を「ほっとけない」っていうか。

それって言葉はきついようだけど「相手のことを下に見てしまっている」んですよね。自分が勝ってしまっているっていうか。でも、そんな気持ちの奥で「私とちがって、彼は人生を勝手気ままに生きてやがってムカつく」とも感じていたと思うんですよ……。元彼もさ、そういう【引き裂かれてるA子さん】と向かい合おうという心意気があれば、変化できたのにね。彼は変化するチャンスを逃したね。そういう関係だと、幸せになれるわけがないです。

**A子さん**　やっぱり、そうでしょうか……。

**二村**　だって恋愛すると同時に憎みあってて、憎むことで「おたがい、自分の心の穴を埋めるために利用しあっていただけ」だもの。二人とも自分のことが嫌いだし。【割れ鍋にとじ蓋】って言うけど、それは自分の欠点を受容して、相手の欠点を甘やかすのではなく受容できて、その上で補いあえる関係のことでしょ。

でも、「幸せになること」が目的で恋に落ちちゃうわけじゃないから、A子さんと彼がそういう恋愛をしたことに意味はありますよ。

## 最良のパートナーは「あなたと出会ったことで、良い方向に変わっていく男性」

**A子さん**　二村さんの説だと、自己受容してない女性が出会える男性は【オレ様】か【ヤリチン】か【オタク】か【ストーカー】しかいない、その中だと、まだマシな男はオタクだってことですよね。そしたら私は、またオタクとつきあわなきゃいけないんでしょうか？　私自身にもオタク気質があるし、オタクっぽい男性に抵抗はないんですが、前回の恋愛でオタクだから気が合うと思ってつきあったらオレ様になっちゃったので、それが心配なんです。

**二村**　A子さんだけじゃないと思うんだけど、女も男も【まともな相手】を探しすぎ、っていうか「まともな相手でないと愛せない」「まともな相手を見つけないと幸せになれない」って思いこみすぎなんじゃないでしょうか。

幸せになる目的で「質の良い異性」を必死で探してる人というのは、欲望を満たす目的で恋愛ごっこを繰り返してるヤリチンと、やってることは逆のようだけど本質的には同じです。だから「質の良い異性」なんて永久に見つからないし、欲望は永久に満たされないんです。

**A子さん**　なるほど。

**二村**　何度も同じことを言いますけど、恋愛というのは幸せになるためにするんじゃなくて、恋愛することで自分の【心の穴】に気づかされるためにするんです。自分というものを知った時「もっと生きていきやすい自分に変わりたい。そのために、何を手放すか、今の自分をどう受容するか」を真剣に考えることができれば、変わることができます。それで結果的に幸せになれる。

女性が、男を育てたり教育したり幸せにしてあげる必要はないし、そんなことはできません。女性も、男から幸せにしてもらうことはできません。

二人がつきあうことで、彼も良い方向に変わっていけて、あなたも良い方向に変わっていける関係になれれば、いっしょにそれぞれ幸せになっていくんです。

**A子さん**　今回の失恋で「もうダメ男の面倒はみたくない」と思えるくらいには私は変われたと思うんですけど、じゃあ、どうしたらダメ男にひっかからないようになれるんでしょうか？

## 相手を「甘やかすこと」と「受容すること」は違う

**二村**　お話を聴くと今回の元彼も、いちおう彼のほうからあなたに恋をして、あなたが受け入れたとたん【オレ様】である本性を現したってことだけど、甘やかしたからダメになったというわけではなくて、最初から破局しそうな要素が多い関係だったのではと思います。A子さんが「私は、もうダメ男の面倒をみなくてもいいんだ。それをしなくても私は充分ちゃんとした人間なんだ」と思えて、甘やかせないことの罪悪感から自由になって自分を許すことができれば、恋人を【甘やかすこと】と【愛すること、肯定・受容すること】の区別が腑に落ちます。

**A子さん**　それが自己受容ということですね。

**二村**　そうすると、あなたが恋愛しながら憎んでしまうような相手は近づいてこなくなるし、あなたが肯定できる人・甘やかさなくてすむ人・A子さんに恋をすることで良い方向に変化していく男性が、不思議なことに必ず現れる。というより、そういう人があなたの周囲に存在してることに気づけるようになる。

**A子さん**　それって具体的には、どんな人なんでしょうか……？

**二村**　具体的なことは言えなくて申し訳ないんですけどね。A子さんから愛されるために、あるいはA子さんのことを愛するために、自分自身の在り方に目を向けられる人。

**A子さん**　それは「私に合わせてくれる男性」っていうことですか？

**二村**　ちがいます。あなた自身も変わっていかなくちゃ。いや、いい関係だったら自然におたがいが変わっていくんです。「相手に合わせて」とか「相手に媚びて」じゃなくて、あまり無理をしなくても二人がそれぞれ「生きていきやすいように」「相手を肯定できて、自分を受容できるように」変わっていけるような相手が、理想的な相手なんです。

**A子さん**　でも、私なんかが誰かから恋されるなんて難しいだろうなって思っちゃいます。そんな人が今後ほんとうに現れてくれるんでしょうか。

**二村**　多くの女の人が、まったく同じことをおっしゃるんですけれど、これが、現れちゃうんですよ。まあA子さん側の受け入れ態勢の問題でもあるけれど……。自分で自分を許していないから気づかないだけで、あなたの周囲に、あなたに好意を持ってる男性って、じつはたくさんいるんです。

**A子さん**　「私は、ちゃんと【いい女】だ。男性が私に恋をするのは、あたりまえだ！」って思い込めれば、そういう男性が目に入るようになるんでしょうか？

**二村**　いきすぎてポジティブすぎというか傲慢な状態になるのは、やめといたほうがいいよね。それは女性版インチキ自己肯定。無理をしてる。

**A子さん**　なんだか、自分を許すってことがよくわからないので、どうやればいいのかが難しいです。そもそも、どんな状態の自分であれば自分を受容できるのかが、よくわからないです。

**二村**　よく世間で「私らしくありたい」とかって言うけれど、あれもよくわからないよね。そういうのって自己正当化によるインチキ自己肯定だからさ、だいたいくだらないことですよ。その人自身が「本当のなりたい自分」だと思っている形が、じつは社会の要求する**【正しさ】**から圧迫された結果「なりたい自分だと思わされている」のかもしれないし。

なりたい自分じゃなくてさ、A子さんにとっていちばんめんどくさくない、そういう自分になろうとすることで痛みも走らない、いちばん楽ちんでいられる自分の状態って、どんなイメージですか？

**A子さん**　楽しみながら、いろんなことができる人かな……。あと、何事にもあまり不安を抱かないですむ楽天的な人間になりたいですかね。うまく言えないんですけど。

**二村**　禅問答みたいなんだけど、100%自己受容できてない自分のことも「許す」のがコツだと思うんですよ。

［構成：藤村はるな］

（初出：ケイクス https://cakes.mu）

# 10－2

## B子さん（35歳）の場合
## ～彼氏がヤリチンだった～

**二村**　B子さんは今まで、どんな恋愛をしてきたんですか？

**B子さん**　若い頃からヤリチンにひっかかることが多かったんですが、ヤリチンとの恋愛に疲れては真面目な人とつきあって、つまらなくなって別れて、気づいたらまたヤリチンとつきあって……というパターンを繰り返してますね。

**二村**　最新のヤリチン情報を、もうちょっと教えてください。

**B子さん**　もう別れたんですが、元々は職場の先輩だった年上の人でした。おたがいにその職場を離れたあとに彼からのアプローチでつきあい始めました。でも、何かいつも怪しいんですよ。浮気しているなという匂いがいつもプンプンしていた。

**二村**　恋をしている女性は男の浮気の匂いをすぐに嗅ぎつけますよね。

**B子さん**　なんなく分かっちゃうんですよ。でも、追求するようなことはできなかったですね。それがある時、動かぬ証拠が出てきたんです。

**二村**　ほう。

**B子さん**　元同僚が「彼、もう結婚を考えてるみたいだね」って言うんです。私と彼のあいだではそういう話は出ていなかったけれど、なんだかうれしかったんですね。「なんだかんだ怪しいけど、私との結婚をちゃんと考えていてくれていたんだな」って。あ、ちなみに元同僚には私たちがつきあっていることは話していませんでした。

**二村**　なるほど。

**B子さん**　でも、そのあとに元同僚が「彼の携帯に電話したと思ったら、まちがえて自宅にかけちゃってて、そしたら女の人が出て『今、出掛けてます』って言うんだよ。だから結婚前提の同棲してるのかなって。普通につきあってるだけだったら、自宅の電話には彼女でも出ないよね」って言うんですよ。私はハラワタ煮えくり返りながらポカーンですよね。すぐに彼に電話をかけて問いただしたんです。そしたら「同棲なんてしてないよ、そんなの知らない」ってシラを切るんです。私、もう頭にきちゃって。「ちゃんと事情を説明して、話し合いたい」って怒ったんです。でも、ことあるごとに「仕事が忙しい」って言い訳をされて、気づいたら2ヶ月経ってました。でも、彼がカラオケに行ったりダーツやゴルフをしたりして遊んでいる情報は知人を通して入ってくる。最後に怒り狂ったら、やっと彼から「会おう」と言ってくれて約束できて、フレンチに食事に連れていってくれたんです。

**二村**　なんだか耳が痛いなぁ（笑）。まぁ、僕の話は置いておいて、続きをお願いします。

**B子さん**　その時には私の怒りもだいぶ落ち着いていて、食事をしながら事情を話してくれるのを待っていたら、普通においしく食べ終わって帰ることに……。ポカーンとして、何も言えませんでした。

**二村**　食事をしながら自分から話を切り出すことはしなかったの？

**B子さん**　今思うと「婚約者がいる、君とは遊びだった、別れて欲しい」とはっきり事実を突きつけられるのが怖くて、切り出す勇気がなかったんだと思います。

**二村**　ここまで話を聞いていると、全部B子さんの憶測で話が進んでいるんですよね。そのことにはご自身で気づいていますか？

**B子さん**　いえ、あまり……。よく分からないですね。

**二村**　そもそも、彼の自宅の電話に出た女性が婚約者どうか、彼女かどうか、同棲相手かどうかも本当のところは分からないですよね。妹さんかも知れないし、お母さんかもしれないじゃないですか。

**B子さん**　なんだか、ヤリチンの人が言いそうな言い訳ですよね（笑）。

**二村**　うーん……（笑）。

**B子さん**　食事した直後にプツンと何かが切れて「ああ、もういいや」って思ったんです。「何も話さない」、それがつまり彼の気持ちの表れなんだろうと。もめごとはなかったことにして、私との関係をどうにかしようとも思ってないんですよね。その後、私から切り出して別れたんですが、それから定期的に連絡してきてはケロッと「ご飯行こうよ」とか言ってくる。しかも「仕事が大変なんだ……」とか自分が苦しい時には弱音を吐く。私の心は凍ったままなのでアホかって感じで、もう本当に理解不能です。

**二村**　彼の代わりに男性を代表して謝ります、ごめんなさい。

**B子さん**　いや、謝られても……（笑）。ヤリチンの人って謝っても、その場しのぎばっかりで全然、変わらないじゃないですか。なんだか二村さん、とても元彼に似てるような気がしてきました（笑）。

**二村**　その通りすぎます、すみません（笑）。

**B子さん**　どうしてヤリチンの人って、そういう感じなんですか？　人間としての常識が欠落している気がするんです。そのあたり、ヤリチンの心の穴を知りたいので、今日はぜひ教えていただきたいんです。

**二村**　わかりました。それにしてもB子さん、そうとう怒ってらっしゃいますね……。

**B子さん**　あ、はい、すみません、怒ってますね（笑）。いま、元彼に対する怒りを二村さんにぶつけたい気持ちでいっぱいです。さっきの「電話相手は、お母さんか妹かもしれない」なんて子どもっぽい言い訳をするところとか、元彼や今までつきあってきたヤリチンたちにそっくりで……(笑)。

**二村**　いや、それもね……、うーん。いや、今日はどうぞ、元彼の代わりにぶつけてください。僕、人から怒られるのすごく苦手なんですけど、今日は受け止められたらなと思ってます。でも、もしかしたら、さらに怒らせてしまうかもしれないんですけど、さっきB子さんがおっしゃった「人間としての常識」って、B子さんにとってはどういうことですか？

**B子さん**　たとえば「つきあったら浮気しない」とか、「つきあったり結婚したりしたら、ひとりの人を愛し続ける」とか、そういうことですかね。

**二村**　「男の常識」と「女の常識」って、ちがいますよね。男性社会の中では、多くの女性とセックスできる男がエライとされている。でも、昔は結婚したら年貢の納めどきになって、ヤリチンみたいに遊んでいた男は落ち着いていた。女性からしてもモテて遊んでいた男が自分のところで落ち着いたと思いたいんだよね。浮気されていたとしても「心の浮気じゃなければいいよ」みたいに許す奥さんは「いい妻」とされてたり。それも男性社会の都合なんですけどね……。「感情」と「社会のルール」もちがうよね。感情はその人が親からどう傷つけられたかで生まれてくるから、それぞれちがう。ヤリチンは「いろんな女とやりたい」という心の穴を。ヤリチンに苦しむ女性は「浮気されたら怒り狂う」という心の穴を。女性も浮気をされたらなんでそんなに逆上するのかって言ったら「自分の分け前が減る」とか、見捨てられる恐怖があるからでしょう。でも、渦巻いている感情とは別に、社会のルールがある。ルールは柔軟性があって、破られるもの。「つきあったり結婚したりしたら浮気しない」がルールだったとしても、すべての人が守っているわけではなく、女性でもやっている人がいる。だからって許されるわけではないと思うけど、多くの人の心の穴の落としどころが社会のルールになっているんだけど、それは多くの人が苦しくならないようなルールで。でもそのルールが、いま社会全体で行き詰まってきてはいるんだけどね……。

**B子さん**　あの、二村さん、すみません。そういう話、正直、私にはどうでもよくて……。社会背景や理屈が聞きたいんじゃないんです。私は私のことを感情的に分かってほしいし、ヤリチンの元彼や二村さんの心の中がどうなっているのかを知りたいんです。ヤリチンの生態がわけがわからないから理解したいんですよね。

**二村**　あ、ごめんなさい。うーん、俺の感情かぁ……（遠い目）。

## ヤリチンは「受け取れない」

**B子さん**　まず、ヤリチンにとって「つきあう」って、どういうことなんですか？

**二村**　それはですね、「セックスできる女として、その人を確保している」ということですね。

**B子さん**　えぇぇぇぇ〜！　単刀直入……。腹が立ちすぎて逆に笑っちゃいます（笑）それって本当なんですか？

**二村**　「つきあう」と約束したからといって、「他の女とはセックスしません」とは微塵も思っていない……。B子さんにとって、つきあうってどういうこと？

**B子さん**　私にとって「つきあう」とは「時間を共有する」ってことですね。

**二村**　その時は一緒に生きるということ？

**B子さん**　「その時は」じゃなくて、「24時間ずっと」ですよ。仕事や住まいの都合で物理的には一緒にいられない時間があっても、その時間も一緒に生きている感じがほしいんです。心が24時間、寄り添っている感じ。

**二村**　なんで、そういう感じがほしいんだろう？

**B子さん**　一緒に生きていく人が欲しいから、かな。

**二村**　でも、誰かによって完全には心の穴は埋まらないんだよ。別々の人間なんだから。結婚してたって、たとえばおたがい別々の趣味をやっていたら、心も24時間一緒にはいられないでしょう。

**B子さん**　なんだか、また話をはぐらかされている感じがします（笑）。

**二村**　あ、またすみません。でも、これ、僕も最近「はぐらかしてる」って自分で分かるようになりました。話を戻して、本当は僕こそが「一緒に生きること」を求めているんだよな……。

**B子さん**　そうなんですか？　じゃあ、どうしてそれができないんですか？

**二村**　どっかに行きたいんだよ……。いろんな女性のとこに……。

**B子さん**　（笑）。いろんな女性のところに行って、何を得ているんですか？　ひとりの人じゃ満足できないんですか？

**二村**　そういうことじゃないんですよ。……さっきB子さんが理屈っぽい僕の話を「その話、どうでもいいんですけど」と言ったのと同じ感情を、いま僕はあなたに持っています。それは女性の理屈ですよ！

**B子さん**　え、どういうことですか？

**二村**　「セックスは、男がおちんちんを使って女性を喜ばせるもの」という固定観念があって、すると「僕のおちんちんは、どんな女性でも喜ばせることができるのかな」って試したくなるんです。これはビジネスの人とかでもそうなんだろうなと思う。たとえばお金って力の象徴ですよね。それはペニスの象徴ということでもある。もちろん、お金はエネルギーの流れで循環させていくべきものなんだけど。その一方で「お金を持っている人が社会ではエラいんだ」という考え方だと、それは「力」になる。「力を持ってる人」は、それを使いたくなるものだし。

**B子さん**　また理屈っぽい、中味のない話をされた気がするんですけど(笑)。ようするに、女性と関係性を作ろうと思ってないってことですよね……?

**二村**　いやいや、女の人を喜ばせようと思ってるんだよ?

**B子さん**　ペニスという力を使って喜ばせて、でも、「そこから生じる関係性の循環は、いらない」ってことでしょう?

**二村**　いらないというか、こっちが「受け取る」と思ってないんだよね……。

**B子さん**　どうしてですか?

**二村**　それをお金でやる人は「もっともっとお金がほしい」と思うし、ヤリチンは「もっともっといい女が……」と思っている。

**B子さん**　全然ちがう世界で生きている感じがしますね……。なんだか悲しいです。まず、ヤリチンの人が「循環させようという気がない」ということを知れたのは、とても新鮮というか、私にとってはヤリチンを理解する一歩になった気がします。人と人が関わると、関係の循環やコミュニケーションが生まれたり、それを築いていこうとするのは当たり前のことだと、私は思い込んでましたから。

**二村**　こっちだって与えているし、ご褒美は受け取っていますよ。たとえば、セックスした女性が「とても、いい女だった」とか、いろんな女性とセックスしている男が男性社会では地位が高いという「勲章」とか。

**B子さん**　それって本当に与えたり受け取ったりしてるんですか？　ていうか、ついさき「受け取ると思ってない」って言ってましたけど、男性社会の手柄だけ勝手に得て、女からの愛は受け取ってないってことですよね。自分のことしか見てない気がするし、相手の女性が存在してないんですけど。

**二村**　そうかもしれないね。そっちを取ってしまっていて「愛を与えて愛を返してもらえる」とは思っていないんだよね。それから、女性の「あなたを愛してる」の「愛」が信用できない。重たくなるんですよ。

**B子さん**　そうなんですか？　重たいというのはよく言われますけど、愛が信用できないというのは、ヤリチンみんなに共通している心の穴なんでしょうか？

**二村**　どうなんだろう……。いや、信用できないんじゃなくて、信じすぎちゃっているから重たいのかもしれない。何かを奪われるって確信してるんだよね……。

**B子さん**　何を奪われるって信じてるんですか？

**二村**　親から奪われた何かだろうね……。「感情」を奪われたのかな。「愛してる」という言葉や抑圧を使って。どこにも行けなくなる感じ。それで「自分はダメだ」という無力感があります。その「愛してる」と称する親の支配から切り離されれば、自分の足で行きたいところにいけると思ってるんですよ。「自分をコントロールできる、ひとりの大人だ」と思える。だから、関係した女性を切り離したくなるのかもしれないね。でも、切り離したままではいられないから、また近づきたくなるんだけどね……。

**B子さん**　「親に感情を奪われた」ですか……。だから「セックス」を使ってこっちの感情を奪うんだ。そうか、復讐してるんですね。

**二村**　言い返すようだけど、そういう女性も「常識」や「愛という名の（僕に言わせれば恋という名の）憎しみ」を使って、こちらの感情を奪おうとしますよね。おたがい同じことをしている。親への復讐。おたがいの中に自分の親を見ているわけで、実は相手自身のことをぜんぜん見ていない。

## ヤリチンが関係から逃げ出したくなる理由

**B子さん** そもそもヤリチンの人は、どうしてそんなに、いろんな人とセックスがしたいんですか？

**二村** まず、とにかくセックスが楽しい。それは行為そのものというより「行為によって相手の心に入っていける」からなんだよね。いろんな人の心の中を見てみたい。

**B子さん** う～ん、前提が違うんですね。私は「つきあっている相手と、もっと関係を深めるためにセックスをしたい」と思っているんですけど、ヤリチンは「関係が白紙の状態から、相手の心をセックスで知ろうとしている」って感じがしました。

**二村** よくわからない相手の心に入っていって、心をかきまわしたり、相手に「あなたのセックスが良かった」と言わせたいんだよね。

**B子さん** え～……。ワガママというか傍若無人というか（笑）。ちょっと私には信じられない世界ですね……。ヤリチンって女好きだけど、全然女性を大切にしていないですよね。本当は女性のこと嫌いなんじゃないですか？

**二村** 深いところでは、憎しみがありますよ。それは親への憎しみに繋がるのかもしれません。

**B子さん**　セックスで相手の心に入っていくと、どんな感じがするんですか？

**二村**　こっちが支配して「影響を及ぼした」という実感があります。相手の心が揺れているのを見るのが、うれしい。でも、揺れたら揺れたで、怖くなってくる。相手に自分を好きにさせておいて、好きになられたらなられたで、イヤになって逃げてしまう……。ひどい矛盾だよね。

**B子さん**　もう、本当にひどすぎますよ！　人間とは思えない（笑）。私、お話したヤリチンの彼だけじゃなく、とにかく男の人に「逃げられる」ということに、とても敏感で怒りが湧くんですよ。なんで逃げたくなるんですか？

**二村**　「そこで完結したくないから」かな……。

**B子さん**　え!?　そこから関係が始まるんじゃないですか？

**二村**　そうだよね。本来はそこから対等な関係が始まっていくんだと思うんだけど、でも渦中にいるとそうは思えないんだよ。ベターッてもたれかかられるのが怖くて、逃げたくなってしまう。いろんな人とセックスできなくなりそうな気がするから。

**B子さん**　もう、なんだか、おっしゃってることが本当に駄々をこねる子どもみたいに思えてきました……。

**二村**　僕の場合は、お金や物質的には豊かで、男みたいな強い母親に育てられて、そしてウチにはお手伝いさんを始めとして、たくさんの女性がいたから、母性もたくさんある家庭で甘やかされて育った。大人になる必要がなかったんですよ。本当に文字通り子どもなんだよね。でも、そこから逃げたい。だから、たくさんの女の人とセックスしてる自分が「大人になった」ような気がしているんだよね。

**B子さん**　「自分の力を試したい」っていう最初のほうの話に戻ったんですけど……（笑）堂々めぐりですね……。

**二村**　わざわざ「力を試したい」と思うということは、「自分には力がない」と思っているということなんだよな……。子どもなままなわけだから。さっきも話したけど、ヤリチンの心の穴は「無力感」だよね。

**B子さん**　私はヤリチンの無力感を埋めるために使われていたんですね。

**二村**　そうかもしれないね。だからヤリチンが寂しそうに見えるんでしょう？

**B子さん**　そうそう、寂しそうなんですよ。でも、「強い感じ」にも惹きつけられてしまうんです。

**二村**　矛盾してるよね。なんで寂しそうに見える人を好きになるの？

**B子さん**　寂しそうだから好きになっているわけではないと思うんですけど……つきあっているうちに寂しさが見えてきて「どうにかしてあげたい」って気持ちが湧いてくるかも。

でも、浮気を繰り返されたり、話し合いから逃げられたりして傷つけられるうちに、わけがわからなくなっちゃうんですけど……。

**二村**　それで女性が被害者、ヤリチンが加害者という立場が確定して、ドロ沼になってっちゃうんだよね。それか男がその関係から、とっとと逃げるか。

**B子さん**　二村さんと話していて、ヤリチンも親に心の穴をあけられた「被害者」なんだって気づきました。

## 父親と肯定的な感情のコミュニケーションがしたかった

**二村**　もちろん、女性たちを傷つけていることは申し訳ないと思ってるんです。B子さんだけじゃなく僕が今まで傷つけてきた女性たちにもお詫びした上で言いたいんですけど。

**B子さん**　はい。

**二村**　「屋根に上ったらハシゴを外された」って感じがするんです。ヤリチンは「たくさんの女性とセックスすることは手柄だ」とか思い込んで、いろんな女性と楽しんでいたらある日突然、重罪人扱いですよ（笑）。もちろん、うすうす罪悪感を感じながらやってるんです。また罪悪感が蜜の味だったりする。ちょっと責められてるように感じるかもしれないけど、ヤリチンと関係した女性を代表してB子さんに聞いてみたいんですけど……。

**B子さん**　はい。

**二村**　B子さんは、ヤリチンに傷つけられて「被害者という立場」を得た。彼を責めるという「正当性」を得たわけです。それでヤリチンのことを責めているのは、いったい、何を責めているんですか？

**B子さん**　あー……。傷つくことで被害者という立場や正当性を得たんだ……。それは気づきませんでした。ヤリチンの何を責めているか？

**二村**　ヤリチン以外に責めているものがあるんじゃないかな、と思うんです。実体験として、女性が僕に怒る時、僕自身が相手にした悪いこと以外に、何か別のことも当てつけられて、怒られている感じがあるんですよね。

**B子さん**　そうですね……。（しばらく考え込んで）父親ですかね……。

**二村**　ああ、お父さん。

**B子さん**　父は何かにつけて逃げるんですよ。家族からも母親からも、私を含め子どもからも。仕事やつきあいで家にいないっていう物理的に逃げる場合もあるけど、それよりも感情的に逃げられてる感じが子どもの頃からしていて。すごく寂しさや悲しみがありました。感情的な交流ができない。それが怒りになって、いつの間にか父をあきらめていた感じです。「お父さんは私のことをまるごと受け止めてくれないな」って思ってます。

**二村**　ケンカもしないの?

**B子さん**　口ゲンカはよくあります。

**二村**　それは感情的な交流ではないの?

**B子さん**　そうなんですけど、ちょっとちがいますね。お互いに感情的に不満をぶつけ合ってそれでおしまいなんです。そのことについて冷静に話し合って誤解が解けたり、お互いに「分かり合えたな」とか「許し合えたな」という体験をしたことがない。いつも、なし崩し的にケンカが終わっていて、そのあとはそれについてはタブーで触れられない。でも愛されていないかというと、そうではなくて、私が好きなように生きているのを父は大きな愛で見守ってくれている感じはするんです。だけど、具体的に「愛している」とか言葉や行動で分かりやすく愛を示されたことがない。それを責めたいし、今でも求めているのかもしれません。

**二村**　肯定的な感情のコミュニケーションがしたいんだね。ヤリチンはセックスでのコミュニケーションはできるけど、問いつめられたり、感情のコミュニケーションを求められると、耳を塞いで逃げる。お父さんも逃げていた。同じことに怒ってるんだね。

**B子さん**　そうですね、今、気づきました。

## ヤリチンの自由さがうらやましい

**二村**　ヤリチンを好きになる理由として、「寂しさ」と「強さ」に惹きつけられると言っていたけど、もうひとつの「強さ」って、どういうこと？

**B子さん**　なにかとても「生命力が強い」感じがするんですよね。いつもアグレッシブに動き回っていて、活き活きしている。それに傷つけられもするんだけど、その一方でそれがいいなとも思います。

**二村**　ヤリチンの生命力が欲しい、うらやましいということ？

**B子さん**　そうですね、ああなりたいなと思う。

**二村**　「つきあう」ってことは、その人からエネルギーをもらって、その人になれたような錯覚ができますからね。自分も生命力が強くなって、どうなりたいの？

**B子さん**　生命力が強いと何でもできる気がするじゃないですか。万能感ていうか自由な感じ。あ、私、ヤリチンの人の「自由さ」がうらやましいのかもしれないです。世間の常識から外れたことをしていても堂々としている。

**二村**　ヤリチンみたいに自由になりたいんだ。まぁ、本質的にはヤリチンは自由ではないんだけどね。さっき「ヤリチンは人間としての常識が欠落している」っておっしゃってましたけど、じつはB子さんも「常識から外れた人間になりたい」ってことなのかな。

**B子さん**　外れないまでも、常識から自由にはなりたいです。ヤリチンの自由さがうらやましいけど、ずるいなとも思います。人の心を踏みにじってまで自分の自由や欲望を叶えるなんて、おかしいですよ。

**二村**　おっしゃるとおりです……。でも、「ずるい」って言葉、僕にはとても印象的に聞こえます。「常識から自由にはなりたいけど、外れたくはない」「自分もそうしたいんだけど、できない、できている人がうらやましい、でもやっぱり自分にはできない」っていう。すごく入りくんでいて複雑ですよね。

**B子さん**　気持ち的には、そういう感じですね。たしかに複雑にからまってます。

**二村**　そこに現代の女性の苦しみや抑圧、自己受容の難しさのヒントが隠れてる気がしました。「人を押しのけてまで、自分が幸せになっちゃいけない」っていうのは、お母さんとの関係や抑圧からきてるのかな……。

**B子さん**　う〜ん……。そこはまだよくわからないんですけど……。二村さんと話していても「人の心をかき回したい」とか、「いろんな女とセックスしたい」とか、「つきあうっていうのは、セックスできる女としてその人を確保している」とか、普通はそんなこと恐ろしくて言えないようなことを、平然とおっしゃるじゃないですか。

**二村**　恐縮です……。図々しくて本当に、すみません。

**B子さん**　最初は聞いていて、なんてひどい人なんだろうって、人でなしくらいに思っていたんですけど、いや、今も思ってますけど（笑）。でも、その一方で、自由に言いたいことを言えて、いいなぁという気持ちもあるんですよね。だからって、自分の都合で人を傷つけるような人でなしにはなりたくないし、いろんな男の人とセックスをしたりつきあいたいわけじゃないんです。そういう自由さじゃなくて、なんていうのかな……。「自分の気持ちに正直になっている」感じですかね。

**二村**　Ｂ子さんは、自分の気持ちに正直じゃないんですか？

**B子さん**　それも自分ではよく分からないんですが……。少なくとも心の中で思ったり考えたりしていることを、そのまま言い放ったり実行したり、好き勝手に生きられてはいないですよね。

**二村**　昔から言われていることだけど、女性はそもそも「自分の欲望がわからない」んですよね。わかりやすく彼氏が欲しいとか結婚がしたいとか、アクセサリーが欲しいとか旅行したいとかいう表面的なことじゃなくて、その元になっている根本的な欲望が。

**B子さん**　そういうことを除くと、たしかに自分が何がしたいのか、わからないかもしれない……。

**二村**　僕は、女性の欲望って「自分を求められること」だと思うんですよ。好きな男のおちんちんが自分に向かって勃起している状態。

**B子さん**　あ〜。はい、それは、はっきりとそうだなって思います。だからヤリチンとつきあっていたのかもしれないですしね（笑）。好きな男の人のペニスが他の女性に向いて勃起していると、ものすごく腹が立ちます。自分に向いているとホッとする。

**二村**　「ヤリチンの自由さに憧れてる」という話に戻りますけど、B子さんが求める「自由さ」をさらに具体的にしていきましょうよ。

**B子さん**　そうですね……。（しばらく考え込んで）でも、「人の気持ちを考えずに自分のやりたいことを言ったり、やったりする」ってこと以外、出てこないです……。そうなれたら、ラクだろうな……。

## 自分が人を傷つけている可能性があることに気づく

**二村**　また怒られることを承知で聞きたいんですけど、B子さんは本当に1㎜も「相手の気持ちを考えずに自分のやりたいことを言ったり、やったりすることができてない」と思う？　僕ね、人は生きている以上、誰かに迷惑をかけたり傷つけないでいることって不可能だと思うんですよ。誰かに傷つけられている人は、誰かを傷つけている可能性があるし、誰かを傷つけている人は、誰かに傷つけられている可能性がある。B子さんはやりたい放題なヤリチンからは傷つけられているかもしれないけど、他の人に対してはどうなんでしょう？

**B子さん** それは考えたことがありませんでした……。そういえば、私、女友だちを傷つけることはよくしてるみたいです。

**二村** 具体的にいうと？

**B子さん** 女友だちとの関係では、私が上に立っているみたいなんです。約束にルーズでも平気というか。遅刻したり、自分の都合や気分で簡単にリスケしたり。彼氏と急に会えることになって、元々していた女友だちとの約束をドタキャンしたこともあります。もちろん、ちゃんと謝るんですけど、でも、それで友だちとの関係がぎくしゃくしたりしたことはありました。

**二村** なるほどね……。それってヤリチンに恋している女性が、自分を好きになってくれる、つまらないと感じてる男性に対しても、よくやっていたりするよね。

**B子さん** あ～、そういうこともあったかもしれません。ヤリチンの人と別れたあと、反動からか真面目そうな男の人とつきあうことが多いんですけど、そうなるとたしかに私のほうが相手を傷つけてることが多いですね。

**二村**　あなたに約束をドタキャンされたりした女友だちは、怒ったりしないの？

**B子さん**　怒られることもありますね。……うわ〜。今、急に思い出したんですけど、私、最近、女友だちに嫉妬されるんですよ。

**二村**　僕もよく嫉妬されます。

**B子さん**　私が他の友だちと仲良くしているのを見て、何人かの女友だちが、私にヤキモチを焼いているんです。

**二村**　それを知った時、B子さんはどう思うの？

**B子さん**　「そんなこと言われても……」って感じです。「恋人かよ！」って。友だちなのに、なんでそんなことを言うのかなって。そもそも私は男性が好きなので、つきあっているわけでも結婚しているわけでもないから、どちらかを取るなんてことできないし、この人は何を言っているんだろうって。意味がわからない。

**二村**　彼女たちはレズビアンじゃないわけだよね？

**B子さん**　ちがいます。彼女たちの中には男の彼氏がいる人もいるし、みんな普通に男が好きですね。私と彼女たちは普通の女友だちです。

**二村**　申し訳ないんだけど、僕も女性に嫉妬されるときに同じようなことを思ってます。「この人は何を言っているんだろう」って意味がわからない。

**B子さん**　でも、ヤリチンの人はセックスをしたり、つきあったりしているじゃないですか。それとは話がちがうような……。

**二村**　本質的には同じだと思いますよ。って俺はまた理屈でケムに巻こうとしてるのかもしれないけど……。「性差」や「恋人」とか「つきあう」とか「結婚」とか「セックス」という言葉が介入しているか、していないかだけで。その人が傷つく地雷の場所がちがうだけなんじゃないかな。「友だちだから、嫉妬しないはずだ」っていうのも、よく考えるとおかしな話じゃない？　ビジネスでは男同士での嫉妬はよくある話だし、「こういう関係だから嫉妬するはずだ、こういう関係だから嫉妬するはずはない」ってことはない。

**B子さん**　それは、そうですね。

**二村**　セックスの欲望とは関係なく、人は「恋」をしますからね。彼女たちはあなたに恋をしているんだね。あなたがヤリチンの自由さに憧れて恋をしていたように、彼女たちもあなたの何かに憧れて恋をしているんじゃないかな。B子さんがヤリチンの彼氏に嫉妬していたのと同じような気持ちで、彼女たちがあなたに嫉妬していたのだとしたら？

**B子さん**　繋がるような繋がらないような、まだ不思議な感覚なんですけど……。私は彼女たちにヤリチンと同じことをしていたってことですよね……。

**二村**　何をしていたんだと思う？

**B子さん**　分からないです……。でも、ちゃんと考えたいですね。

**二村**　そこにB子さんのヤリチンへの恋や嫉妬や憎しみをほぐす手がかりがあるかもしれないよね。

**B子さん**　今まではヤリチンに傷つけられたことばかりに目が向いていて、「どうしたらヤリチンは変わってくれるんだろう」ってことばかり考えていて。それで「ヤリチンの自由さに憧れている」ことについさっき気づいたばかりなので。ましてや自分が女友だちにヤリチンと同じことをしていたなんて、ちょっと驚いています。ショックかも……。

**二村**　罪悪感は持たなくていいと思うんですよ。さっきも話したように、人は生きている以上、必ず誰かに迷惑をかけているし傷つけている。そのことに気づくだけでいいと思うんです。

## ヤリチンは嫉妬を抑圧している

**二村**　すべての「気になる人」は自分を投影してるから気になるんだと思うけど、ヤリチンに恋する女性の「内面」はヤリチンと同じなのかもしれないよね。表現の仕方が正反対なだけで。ヤリチンも、B子さんやあなたの女友だちやヤリチンに恋してる女性たちのように、依存的で嫉妬深くて感情がドロドロしていて、人にもたれかかって生きていきたい部分があるのかもしれない。

**B子さん** ヤリチンって嫉妬したりするんですか？　そうだとしたら、うれしいなって今思っちゃいました。

**二村** 僕は女性に嫉妬している自分に最近やっと、気づけるようになりました。今年50歳になるんですけど（笑）。

**B子さん** 今まで生きてきて、一度も嫉妬心を自覚したことがなかったってことですか？　ラクそうだな〜。私なんて自分の嫉妬に振り回されまくってるのに。

**二村** たしかにラクでしたよ。恋している女性は大変そうだな、めんどくさいなと思っていた。でも、きっとB子さんや彼女たちのように、嫉妬してる自分に振り回されたくないから、ないことにしてインチキ自己肯定していたんだろうね。僕に恋する女性が狂ったように僕に嫉妬するわけだから、僕も本当は同じものを持っているんだよ。最近気づいたんですけどね（笑）。

**B子さん** 私がヤリチンたちに感じていた違和感や不自然さの謎が解けた気がします。ヤリチンの人たちって、嫉妬を抑えこんでるんだ……。だから寂しそうに見えるのかな。

**二村** おそらく、子どもの頃に嫉妬の感情を切り離して、ずっと「そんなものはない」ってことにしてきたんだろうね。でも、それがダダ漏れしているから、ある種の女性からは寂しそうに見えて恋をされる。そして、B子さんが憧れるヤリチンの「自由さ」は、子どもの頃にあなたが欲しかったものだろうし、ヤリチンに見ている「寂しさ」も、子どもの頃のあなたそのものかもしれないよね。

**B子さん**　そうですね。自分とヤリチンはまったくちがう人種だと思っていたんですけど、じつは自分と似ているところがたくさんあることが分かって、なんだかいま、とても複雑な気持ちです。

［特別対談］信田さよ子×二村ヒトシ

# どうして女性学はあるのに「男性学」はないんですか？

**信田さよ子**（のぶた・さよこ）
臨床心理士。原宿カウンセリングセンター所長。著書に『ザ・ママの研究』『さよなら、お母さん』『毒婦たち』（上野千鶴子、北原みのりとの共著）『コミュニケーション断念のすすめ』など多数。

信田　この本は、ずっと思っていたことが端的に書いてあって、とても怖い本だと思いました。褒め言葉ですよ。心理学や精神分析や社会学なんかで難しく言われていることを、「心の穴」とか分かりやすい言葉で表現している。定義する言葉を等身大にまで降ろしてきているところが、私はありがたく、すごくいいことだと思いました。

二村　どうもありがとうございます。この本の読者にも信田さんのご著書を読んでいる方はたくさんいらっしゃると思うんですけど、実際にカウンセリングを受けるにはまだ抵抗があるという人が多いようなので、まずは、信田さんのお仕事、カウンセリングや活動はどんなふうにされているのか、というのをおたずねしたいんですが。

信田　一般的に日本では、気分が落ち込むと眠れないとかいう状態になると「まず精神科へ……」って考えられがちですよね。でも私たちは1995年から、医療システムの外で、治療ではなく問題解決を目的としてカウンセリングを実施してきました。対象としては、アルコール、薬物、ギャンブルといった依存症、そして摂食障害の本人やその周辺の家族ですね。夫がすごく酒飲んだり、彼氏が薬やっちゃってても、たいてい本人はカウンセリングに来ないんですよ。だから家族の相談はすごく重要なんです。21世紀に入ってからは、それに加えて暴力。暴力というのは、夫婦や恋人間の暴力、親からの虐待で、最近多いのは性暴力ですね。ここ10年ぐらいは『DV加害者プログラム』をやったりもしています。

二村　まず相談に来られるのは女性なんですか？

信田　8割方そうですね。

## 男のカウンセリング

**二村**　問題を起こした男性本人は、自らは来ない？

**信田**　年齢層によって違いますね。45歳以上の男性で自ら来る人は少ない。20代30代だと自分のことでカウンセリングに来る男性はすごく増えています。それはすごくいいことだと思う。

**二村**　男はこの本に書いた「インチキ自己肯定」ということをしていて、自分がつらいことにずっと気がつかなかったりしますよね。「気づかないでも許されてしまう、アル中一歩手前であることが許される社会」ということだからかなと思うんです。それを越えると男は突然、自殺したりしますけど。

**信田**　そうですね。カウンセリングに来る男性が増えたのは、ふたつの社会的要因があると思っています。ひとつは「団塊世代周辺の男たちが定年退職した」ということ。定年退職した男って無力なんですよ。そうなると奥さんに「カウンセリング行け」って言われて来ざるを得なかったり、自分で何らかの本を読んでカウンセリングに来てみたり。

**二村**　もうひとつは？

**信田**　「不況」ですね。不況と不安定な雇用形態。一方では貧困化もあると思うんですが、ギリギリで踏みとどまったり、本を読んだりしてる人はカウンセリングでも行ってみようかって思って来る。あとは、精神科医療の実情があまりにもひどいということが段々わかってきて。「俺、薬漬けになりたくないよ」という人は「お金をかけてでもいいからカウンセリングに行こうか、逆にその方が安上がりかも」と。これらの要因から男性が増えてきたと思っています。

**二村**　やっぱり精神科のお医者さんというのは話を聞かないで薬を出される、つまり症状を治療して根本を見なかったり、本人の話は聞かなかったりということは多いんですか？

**信田**　一日で患者さんを診られる時間が決まってますからね。「頭数を増やさないとこのビルを維持できない……」ってことになると、逆算して一日何人という計算になる。良心的なところでも、安い給料で雇われたソーシャルワーカーや心理士が診療前に患者さんの下調べをしておいて、医者に報告をする。医者はそれを元に睡眠薬、抗うつ薬、抗不安剤の3点セットを出して「はい、来週また来てくださいね」ってシステム。中には、良心的に30分くらい話を聞く医者もいるんですよ。本当に大変な状態の時に「一時間聴いてくれた」という人もいます。でも、それは本当に、採算度外視した稀な存在ですね。あと女医さんだとわりと話を聞くことを大切にしている人もいます。

**二村**　僕がAVを監督する時は、なるべく事前に女優さんとたくさん話をするようにしています。人柄がわかるほうがエロいセックスが撮れるからなんですが、わりと親子関係の話がよく出てきます。

**信田**　そうなんだ。

**二村**　彼女たちは、もちろん何らかの必然があってAVに出ているんですが、全員がDV被害を受けているわけでもなければ心を病んでもいない。ただし、あたり前ですが、すべての女性がAV女優になるわけでもない。では、なぜ彼女はAVに出るのか。その〝なぜ〟を「トラウマのせい」と言いたくないんですよ。この本の中で【心の穴】という言い方をしたんですけど。その人の生きづらさも魅力も同時に、そこから出ている。

**信田**　私もトラウマという言い方はしたくないですね。

**二村**　人間の心は、だいたい親との関係で作られますよね。親が子どもを何らかの形で抑圧しないわけはない。女優さんと仕事していると「一人一人、なんでこんなに違うんだろう？」と思います。そこには女の子たちが自分の女性性をどうとらえているかということがある。

## 「父の娘」

**二村**　女性が自分の性のあり方を肯定・自己受容できないことの根っこには、お父さんお母さんとの関係の問題というか、親がどんなに否定してもセクシャルな問題があると思うんですが、いかがでしょうか？

**信田**　そうですね。母と娘ほどは問題にあがらないんですが、「父の娘」っていうのも明らかに問題のひとつのジャンルとしてあるんですよ。この場合の娘は独特な育ち方をするんです。「女であることを否定するわけじゃないけど、自分の妻である母と比べて娘である君は全然ちがう存在だよ」というメッセージを父から受けとる。妻は女だし、自分は男、夫として威張ったりするんだけど、娘は特別な存在として期待されつづける。その結果として生きることに不自由さを感じている一群の女性っているんですよ。母と争わされるのに、女らしくというのは母の専売特許だし、男らしくもなれない。でも、「すごく優秀な存在でいなきゃいけない」んです。ものすごく生きづらいんですよ。

**二村**　僕、「父の娘」という言葉を間違えて理解していたかもしれないんですけど……。

**信田**　近親姦的な意味でとらえていた？

**二村**　単純に「お前は女にしては優秀だから、俺の跡を継げ」みたいな。名誉男性というか、そういう人はやっぱり生きづらいですかね。

**信田**　生きづらいよね、たぶん。

**二村**　変な比喩なんですが、時代劇に貧乏な浪人の娘で剣術が強い美少女って出てくるじゃないですか（笑）。チャンバラと酒は強いんだけど家のことは何にもできないダメなお父さんに育てられた、しっかり者の一人娘。

**信田**　二村さんって映画の脚本家みたいですね。

**二村**　まあ、ＡＶの設定を考えるのは本業なので……。

**信田**　ビジュアルがすぐに出てくる。すごくおもしろいね。

**二村**　僕の撮るＡＶのジャンルの「強い女」と近いので、美化しすぎているかもしれないですけど、自分の「男性性」をうまく使えるのが「父の娘」って気がする。

**信田**　それは父からの性的な眼差しが完全にシャットアウトされてると思う。

**二村**　そういうことか。

**信田**　だから、「お前は女じゃない、でも男でもない」って形になるんですよね。それで教育投資はどんどんされるという……。私自身がそうだったんですけれど。

**二村**　信田さんご自身が「父の娘」であることに気づいたきっかけというのは？

**信田**　私は、自分が子どもを産む時に気づいたんですよ。父がすごく嫌な顔をした。結婚はそんなに反対しなかったんですけどね。出産した時に戸惑う感じがあった。「自分が期待した通りに歩んでくれた娘が、女として母になってしまった」と、ちょっと悲しそうな感じだったの。私は父から愛が欲しいとかは思わなかったので、「残念ね、あなた」みたいな感じでしたね。でも、やっぱり自分の「女性性」に対してもわずかに違和感はありましたよ。

**二村**　それは父親に抑圧されていたという感じですか？

**信田**　私も「女らしくあろう」と思った時があったけど、自分ではモテない女性だとずっと思ってきたので。成績は良かったし、男はバカだとずっと思ってたんですよ。そして、男性からラブレターもってこられて「どういうふうに手紙書いたらいい？」って添削させられたり、恋愛相談を受けるタイプ。だから「父の娘」っていうのは、それはそれで大変だと思う。母と娘も大変だけどね。

**二村**　信田さんのおっしゃる「父の娘」と、僕が感じている「男性性が強い女性」はちょっと定義がぶれるんですが、もう一種類のタイプがある気がするんです。これは「母性」なのかわからないんですけど「男をわりと許してくれやすい女性」っていますよね。それは依存的に許す、自分が愛されたいから許すっていうメンヘラ的な許し方ではなくて。

**信田**　「男性的な女性」として許すということ？

**二村**　たとえば「男は浮気するもの」と、いい意味であきらめていて、でも大事なところでキンタマを握ってるみたいな。「男ってバカだね」ってことをわかってる女性。そういう人はたいてい父親がだらしない人で、それで彼女も男性不信になったり男にすごく依存する人になったりしても不思議じゃないんだけど、そうならない。父親のことを彼女はあきらめているのかな。父親がダメだということをわかっていて期待していない。父親がダメな分、彼女の母親も大変だったでしょうけど、母親との葛藤で彼女はなぜか父親の側についたのか、母親が彼女に男への憎しみを伝えなかったのか。そういう人は、男にとって非常に都合のいいことで申し訳ないんだけど、男を許してくれるっていうか……。

**信田**　それは通俗的で、都合のいい話ですね。

**二村**　すみません、やはり女性からは怒られますよね……。

**信田**　それは「男らしい女性」ということではなくて、たぶん彼女は「男らしさ、女らしさ」から離れた立ち位置をとっているというのが、その人のアイデンティティなんですよ。「懐が深い」というわけではないでしょうね。

**二村**　本当に懐が深かったら男も女も生きていきやすくなるんじゃないかと思うんですが、親に心の穴をあけられてしまった人間はどうしたら懐が深くなるんでしょう？　自分や他人を許せるようになれるんでしょうか？

**信田**　そういう問題の立て方って、そもそも私はよくないと思うんです。

**二村**　なぜですか？

**信田**　「自分や他人を許す」ってものすごく抽象的じゃないですか。私はそれは二村さんらしくない問題設定だと思います。たとえば「母をどうやって許せるか」「母からどうやって離れていけるか」、そして「自分が女性で生まれたどうしようもなさにどう折り合いをつけられるか」「どうやって男たちと同じ世界の空気を吸って生きられるか」こういうノウハウは、それぞれ違うんじゃないでしょうか。どちらにしても、二村さんらしくないですよね。

**二村**　……。

**信田**　「自分は女らしい」というものから距離をとってきた存在の女性って、じつは男に幻想を持っていない分、男に対して非常にクールだし厳しいんですよね。男の欺瞞《ぎまん》がすぐわかっちゃう。だからその分、俗に「男らしい男」とか「モテる男」とはちがった基準で男性を見られるから、けっこう見る目があると思うんだけどね。ちょっと手前味噌っぽいですけど。

## 親のせいにするということ

**二村**　カウンセリングの現場では、「人生がうまくいってないことや恋愛がうまくいってないことを親のせいにする」という手段は実際、効果的なんですか？

**信田**　もちろんです。「親のせいにしたら、うまくいった」と言っちゃうとずるい責任転嫁みたいに聞こえるかもしれないけど、「自責感をいったん親に預かってもらう」という意味でいえば、通過点として当然あるべきだし、実際そうですしね。

**二村**　そこでも「女性が割を食ってるな」と思うのは、男は「自分の父親と戦って乗り越える」みたいなことが実社会でもあるし、物語化されてもいるけれど、女性は「自分の母親と戦って乗り越える」みたいなことは表面化できないし、物語すらないんですよね。男は父親を憎んでいいし、父親と自分の似たところを発見して苦しんだりしていい。それが美しい物語になっていたりもする。

**信田**　男性の父親殺しは、フロイト先生が太鼓判押してるからね。女性はないですよね。

**二村**　女性は母親を憎むことすら許されていない。それは「僕の前でケンカしてもらっちゃ困る」という男性社会からの抑圧だと思うんですよ。

**信田**　そうそう、男性の意思ですよ。彼は父親とは戦うんだけど、母親とは戦っていないから母には勝手な幻想を付託している。それを女性に壊されると困るんですよね。

**二村**　大切な女性が母親とやり合ってるのを見ると、傷つくんですよ、男は。

**信田**　自分が傷つくどころか、それで相手を傷つける例がたくさんありますよ。「そんなこと言ったって君のお母さんじゃないか。そんなに悪く言うもんじゃないよ」とか「君の人間性を疑うよ」とまで言われてね。

**二村**　どっちの味方なんだって話ですよね。

**信田**　それで夫婦がダメになるっていう例は数限りなくあります。自分の夫に母との関係をわかってもらうのに半年かかる人もいます。中にはパニック障害にまでなって、「ここまでしんどいのよ」というのを見せられて初めて「そうか、やっとわかった」っていう男もいる。体を懸けて夫を説得しなきゃいけないっていうのは、かわいそうではありますよね。

**二村**　やはり女性も自分の母親と対決する権利や物語をあたりまえに持っているということが世の中に理解されるべきですね。女性が母親を憎んだり戦ったりするのって、べつにメンヘラとか特殊な病理ではない。

**信田**　私も関わらせてもらってますけど、田房永子さんや小川雅代さんが中心となって「毒母ミーティング」という、自分の母親にあてられた毒を表現できる空間が最近やっとできてきましたよね。私としては隔世の感がありました。

## 「男性学」がない

**信田**　DVの加害者プログラムとか、性犯罪のいろんなプログラムを見聞きしてるとね、基本的に欠けてるのは「男性学」なんですよ。

「男の性欲」についての言説はたくさんある。でも「男というものがどういうふうにしてモテたいのか、発情するのか」ということは、未だにブラックボックスなんです。

**二村**　どうして研究されてないんですか。そもそも、なんで「女性学」は研究されてきたんですか？　男性社会に対抗するためでしょうか？

**信田**　私がなにか一言、言える立場じゃないんですけど、対抗というよりもむしろ「自分たちがより生きやすくなるように」だと思いますよね。「よく見てみたら、男の考えることで男仕様の社会になっている」ということに気づいたって話。だからといって男性が敵とかいうことではなかったと思います。

**二村**　「人の話を聴くことで、立場がちがって共感しづらい他人の痛みもわかろうとする」みたいなことが女性のあいだでは、なされてきた。一方、男は自分の支配欲を自分で抑えられなくて痴漢やDVをしちゃった人が、女性や弁護士から連れられてくるにしても、信田さんのような方々に話を聞いてもらって自分の心の穴と向かいあうっていう段階に、やっときたわけですね。

**信田**　いえ、まだそういう段階にはいない人がほとんどです。たとえば、性犯罪では「罪を軽くするため」だけにカウンセリングに来たりするんですよ。

**二村**　うわー……。「この人は精神的ストレスがあったから情状酌量で」みたいな診断書を書いてもらいに来るってことですか？

**信田**　診断書を私たちは書けないんですけど、たとえば「こういうカウンセリングに行ってる」と報告すると、裁判での心象が良くなるんですよ。そういうことに利用されるのは私たちも極力避けたいので、すでに判決が出た人とか、弁護士のちゃんとした紹介状がある人とかでないと受けないですね。

**二村**　男って、なんで自分に疑問を持たないんだろう……。やっちゃった後で自分に疑問を持って「俺はなんでこれをやっちゃったんだろう」ってカウンセラーに話を聞いてもらいに来る人がもっと増えればいいと本気で思います。

**信田**　私たちカウンセラーにも、そういうことをする人のフォーマットが頭に入ってるんですよ。たとえば、「この人にはこういうことがあったんじゃないか、だからこういう性犯罪やったんだろう」って。それを元に話を聞いてしまうと、相手もそれに合った答えをするんですよね。でも、あっけらかんと「バレなきゃいいだろう」みたいに、のびのびと疑いもなく触ったり撮ったりしてる人のほうが圧倒的に多いですよ。

**二村**　うーん……。

**信田**　もっと言えばね、警察では「性犯罪で捕まった人は、性欲が満たされていなかったから」という説がまかり通っている。刑務所の性犯罪者処遇プログラムでは「性犯罪は性欲が問題なのではない、むしろ世の女性に対して何をしてもいいというような考え方が問題だ」という基本があり実施されているのに、末端の刑事や警察官たちは「こいつは性欲が満たされなかったから」っていうフォーマットで調書をとっていく。するとどうなるかというと、加害者の妻にインタビューして「あなたは夫と週に性交渉は何回していたか、犯罪をおかした前の日はどうだったのか」という、「性犯罪をした男の妻が悪い」という調書になってしまうんです。それで被害者の弁護士が抗議しようって展開しているケースはたくさんあるんです。「そもそも男がなんでそんなことをするんだ」っていうところは、やっぱり研究されてないんですよ。そういう時に二村さんのお話はすごく参考になりますよね。

**二村**　そういう中でも、自分自身に疑問を持ってカウンセリングに臨んでるうちに、よくなっていったという例は、あるにはあるんですよね？

**信田**　性犯罪というのは「二度とやらない」ようになってもらわないと意味がない。「反省してます」という言葉は逆効果です。私たちは3年来てもらうんですよ。アルコール依存症のカウンセリングもそうなんだけど、最初は「なぜそうなったか、なぜそうしてしまったか」ということを考えてはいけないんです。原因を考えると苦しくてたまらなくなるから、またやるんですよ。

**二村**　心の穴みたいな理由や因果関係は、つらいうちは、なるべく探らない、と。

**信田**　ええ。アルコール依存でも「あなたのお父さんも依存症だったし、やっぱり世代間連鎖なんでしょうか」なんてことを言うと、本人も絶望的になって「飲むしかない」ってスパイラルになりますよね。

**二村**　実際のカウンセリングでは、どのように進めていくんですか？

**信田**　1年ぐらいは本人を責めずに「とにかく、やらないでいる」っていうことだけを指示します。しないでいられると「すごいですねー」っておだて続けて、2年目ぐらいから出来事の背景をちょっとずつ考えていくという手順をとりますね。

**二村**　男は自分に直面できないんですね。

**信田**　それはもう見事に直面できないですよ、男たちって。

## 男の「罪悪感」

**二村**　僕自身がそうだからなんですが、男が自分の心に直面できないのって、「罪悪感が強すぎるから」なんじゃないかと思うんですよね。威張ってる男って罪悪感があるからそれを隠していると思うんです。どうしたらいいのかな……。

**信田**　自分の罪悪感に自覚的な男性は、ほんのひと握りですよ。「父親のグループ・カウンセリング」を月一回実施してますが、お子さんが引きこもりだったり暴力をふるったりするという父親が毎回10人くらい来るんですよ。ある時、私が「息子さんは、お父さんの期待に答えられなくて大学卒業してから3年も4年も家にいるという自分を、とても責めてると思うんですが、みなさんは、ご自分を責めたこと、ありますか？」って聞いたら、10人が10人とも「えっ？　自分を責める？　ないです」「自分を責めるって、よくわかりません」って言うんですよ。

**二村**　そのお父さんたちは、どういう人物なんですか？

**信田**　全員が50代以上。名のある企業に勤める管理職だったり定年間近だったり、もしくは定年退職したという方々。高度経済成長の時代を生きて「自分の食い扶持くらい自分で稼ぐのが当然。やればできる、努力してできないことはない、できないのは努力しないからだ。だから息子にもやる気を起こさせ、本当に何をやりたいかわからせれば、息子はすぐにでも就活し始めるはずだ」って信じて疑わない男たち。

**二村**　でも、その息子たちが問題行動を起こしてるわけですよね。

**信田**　そうです。実は妻たちはそんな夫に愛想を尽かしてる。だけど、経済的な問題があるから別れるわけにはいかないっていう。そのうち3分の2くらいは夫婦関係、とっくに破綻してますよね。

**二村**　いや、もう「インチキ自己肯定」そのものですね。

**信田**　体裁が大事な人たちだから「自分を責めたことありますよね？」と聞くと「そうですね」って一言でもあるかと思ったら、「はっ？」って本当に言うんですよ。「自分を責める」っていうのは彼らの辞書には心底ないということがわかって、びっくりしました。

**二村**　最初におっしゃった20代30代のカウンセリングにやってくる男の子たちは、どうですか？

**信田**　彼らは自分を責めてますよね。責めるというか「こんな自分が嫌だ」ですね。二村さんの本でいうと「キモチワルい自分」に意識が向いていますよね。

**二村**　『すべてはモテるためである』という本は、１９９８年に書いて最初に出版した時はそこまで売れなかったんですけど、今回の文庫版はとても多くの人が読んでくれました。冒頭の「あなたがモテないのは、あなたがキモチワルいからでしょう」という言葉を、今の若者は受け入れてくれたということですかね。

**信田**　言語化できるようになってきたんでしょうね。

**二村**　50歳以上の男の「罪悪感のなさ」は、どこからくるんでしょう。

**信田**　今の50代60代、つまり団塊世代前後の男性は、父親を超えるということが難しくなかった世代ですよね。少し上の世代が中卒とか高卒で働いてる中で、戦後の民主教育の中で大学に行けた人たち。そうすると父親よりはるかに学歴的にも経済的にも超えることができた。高度経済成長があったから、奇跡的に就職も結婚も全員できたんですよ。どんなに変な男でも結婚できたのにもかかわらず、それが当たり前だと思ってる。歴史的な視点がないの。だから息子が就職もできない、ましてや結婚どころか彼女もいない、実家に住んで親に依存して生きているのは許せないし、そのことで実は自分が傷ついている。でも彼らは全部妻のせいにして「お前の育て方が悪かったんだ、過保護だったんだ」って自分には責任がないっていうふうに思っている。

**二村**　人間って、あるはずのものから目を逸らしていると、変なほうから問題が出てくるじゃないですか。僕はやっぱり、男は自分に「罪悪感」があることに気がついてないから、そういう問題になっているんじゃないかと思うんですよね。

**信田**　もっと深刻なのはね、感情というものが抹殺されているんですよ。

**二村**　自分の感情をなきものにしようとしているというか、それに操られないようにしているということですか?

**信田**　というつもりでいる。就職したら「君、感情とか気持ちなんて、一時的でこんな不確かなものはないんだ」と教えられるわけです。仕事というのは確定的な要素にのっとって方針を立てて実行しなきゃいけない。だから感情なんてものはまったく意味がないということを企業から叩きこまれるんですよ。多分、公務員もそうですよね。それで10年やっていくうちに本当に感情がなくなっていくというか。もちろん、完全になくなっているのではなくて、どこか堅い小箱にしまわれているのかどうかはわかりませんがね。

**二村**　僕はそこにナイーブなものを感じてしまうんですよね。たしかに信田さんがおっしゃるように「罪悪感のかけらもない男ども」はいると思うけど、「罪悪感があるからこそ威張ってる」としか思えない人もいるんです。そんなに複雑に考えなくていいんでしょうか。威張ってる人はただ威張ってるんですかね……？

**信田**　それはやっぱり「罪悪感めいたもの」はあるだろうし、100分の1ミリぐらいはあるでしょう。でもそれをいつも自覚してるかどうかというと疑問ですよね。もちろん男性でも「罪悪感を自覚している人」はいて、たとえばアルコール依存症の人を1970年代から見てきてますけど、本当に彼らは罪悪感と共にお酒を飲んでるんですよ。罪悪感を感じるとスイッチが入って飲みたくなってしまう。この「罪悪感即飲酒」みたいな人は何千人といる。私はそういう依存症の人は基本的に嫌いになれないですね。

**二村**　僕は職業的には女優さんの感情をどれだけ引き出すか、ということをしています。台本を書く場合は心の流れを書こうとするし、台本なしでその場で「激しいセックスをしてくれ」みたいな時は、なるべく感情が動くような仕掛けをつくる。職業的には感情というものがあるということが分かってるし、感情があるほうがセックスがエロいということも分かっている。ただ、自分のプライベートとなると、女の人の心の穴にタッチ・アンド・ゴーじゃないですけど、入っといて逃げ出すみたいなことを繰り返す、僕自身の心の穴というのがありまして……。

**信田**　それ自分からタッチしにいってるんですよね。でも、その結果起きたことはちょっとまずい、みたいな感じで立ち去る、と。

**二村** 僕は女性の心の穴を面白がるんだけど、時間が経つと冷たくなるんです。僕は結婚していて離婚する気がないので、けっきょく帰るところのある男に対して女の人は怒りますよね。当たり前の話なんですけど。で、僕には「常に女性に怒られてる」っていう感覚があるわけです。

**信田** それは単にある種の制度を守りたいだけの話で、心理的なものではないような気がしますけどね。心の穴をタッチされると、女性はものすごく自己表現というか、しがみついてくるんですよ、タッチした人に対して。

## 「罪悪感とはなにか」

**二村** 僕が信田さんにおたずねしたかったのは「罪悪感って、なんなんですか?」ってことなんです。

**信田** 「罪悪感」とか「自責」とかいうことについては古い歴史があると思うんですね。1970年代の罪悪感というのは基本的に「持てるものが持たないものに対する罪悪感」だったんですよ。

**二村** それは男と女じゃなくて、金持ちが貧しい人に対して?

**信田** 大きく分けると「資本家と労働者」ですよね。「日本がアメリカにくっついて東アジアを抑圧する罪悪感」「親のお金で勉強する人の、中卒で働いている人に対する罪悪感」とか。社会的要因における「罪悪感」や「加害者意識」というものが一種、良心の証であり、それが政治的な行動を駆動していたという側面があるんですね。

**二村** なるほど。

**信田** でも、1980年代くらいから「自分で自分を責める」というサイコロジカルで出口のない堂々巡りの言葉になってきてしまった。すると、社会でまともに働いている者にとっては余計なものに感じられるようになる。罪悪感を感じたら負け、みたいな気持ちになりますよね。

**二村**　キリスト教は「罪がある」っていうことを言っておいて、それを「神が許してくれる」ってシステムですよね。それが神じゃなくなって自分自身への問いかけになってしまったら、許してくれる存在がない。

**信田**　そういうことなんですよ、「自分で自分を愛する」とか「自分で罪悪感を勝手に感じといて、自分で許す」っていうのはおかしな、ある種の産業を活性化させる方法ですよね。カウンセラーだってそれで稼いでる人もいるわけですよ。そういうことは言いたくないんですけどね。私はカウンセリングにおいては、そういう「自分で自分を……」っていう罠には絶対にハマらないようにしてるんです。親が悪い、夫が悪いというところから入っていく。

**二村**　相談者の立場に立つということですね。

**信田**　やっぱり「自分で自分を愛さなきゃいけない」とか「私は自分が嫌い」とかいうのは、私は好ましくないと思っていて。それとはべつに、「自分はこういうことやってしまった、良くないなー」という意味での「自責」や正当な「自己批判」、これが一部の男性にはまったく失われているというのは、別問題として本当によくないと思います。

**二村**　罪悪感に関して、女性はどうなんでしょうか。

**信田**　最初から自分に直面しまくりですね。自分を責めるなんて当たり前。男性に対してはおだてながら徐々に直面させていくんですが、女は最初から自分が見え過ぎてますから、バッと切り込んでいくほうがいい。それによって起こるマイナスのことは防ぐようにしなければいけませんが。これは依存症治療におけるジェンダーの問題ですね。女性たちが自分を責めすぎないように、まさに二村さんがこの本で書かれたように、安全な人から「親のせいだよ」って言ってもらったほうが、むしろ救われる部分もあるんじゃないですかね。

## 「依存」という言葉の罠

**二村**　メンヘラとヤリチンみたいに、真逆に見える関係って、同じ心の穴を刺激しあって、依存しあってると思うんですね。「恋されているほうの罪悪感」と、「恋してしまったほうが感じる憎しみ」とは結局同じものであって、親との関係で「親から自分が愛されたいように愛されなかった」っていうのをやり直そうとしている。相手を見ないで自分の承認欲求をぶつけてることもあると思う。そういう恋愛を終わらせて、ちゃんと愛しあうためにはどうしたらいいんでしょうかね。

**信田**　でも、あらゆる恋愛ってそういうもんじゃない？　「美しい恋愛」なんてあるとは私は思わない。なんでそういうこと言うかというと、最近すごく「デートDVの防止講座」があるんですよ。そこで「本当の愛はそういうものではありません」とか教えていたりして、私は「ケッ」って言いたくなるんですよ。だってデートDVってある種の極限の形にすぎないのであって、恋愛の構造は同じじゃないですか。

**二村**　本当にそうですね。恋すること恋されること自体がもう「支配」ですよね。

**信田**　そこに愛があると思えないんだよね。

**二村**　信田さんのところには恋愛依存やセックス依存で悩んでいる女性も来られるんですか？

**信田**　私は「恋愛依存とかセックス依存って本当にあるのかな」って思うんです。あるとしたら、二村さんもこの本の中で書かれていますけど、やっぱりセックスって「自己承認の変形」でしょ。たとえば、もし彼女が売春するにしても、売春そのものはお金目的じゃなくて、本当にその場限りで「かわいいよ」って言ってもらうことが目的だったりするわけです。それは「自己承認に対する果てしない欲求」というだけであって、私はそこであんまり「依存」という言葉を使いたくないなと思うんですよね。「依存症」っていうと病気になっちゃうからね。

**二村**　なるほど。

**信田**　むしろ私たちのところに来るのは「どうしても同じパターンを繰り返してしまう」って方ですね。そういう方はとても多いんです。

**二村**　「なぜ、同じような男に引っかかるのか」「なぜ、同じような女と……」っていうことですかね。

**信田**　ある人が言っていたんですが「どういう異性、もしくは同性に発情するか」というのは、自分のコントロールを超えてるんですよ。だからそれはやっぱり、どうしようもない。それは「私が私である、二村さんが二村さんである限り、そういう人に発情し続けるのは変わらない」ということなんじゃないでしょうか。だったらそれを1センチのところでやめておくか、1メートル先にいっちゃうか、2メートルいって穴に落ちるかは選ぶことができますよね。

## 一目惚れ

**信田**　私、いつも言うんですけど「一目惚れする男とは絶対につきあわないようにすれば、あなたは幸せになれますよ」って。一目惚れって絶対に自分のヤバいところに反応してますからね。だから、そういう人は「一目惚れしちゃった、でもね」って1か月鎮静化させて、「おつきあいしません」というふうにすれば、安全な人生を送れると思います。でも、これを言うとたいていの人が「えー！」って言いますよ。

**二村**　まあ、言うでしょうね。

**信田**　でも、実際のところ、親から苦しめられて育って、今は幸せな結婚をしてるという人は、そうしていますよね。それから「好きじゃないけど一緒にいて人畜無害だから、今の夫と一緒にいる」っていう人は、想像以上にセックスレスの夫婦が多い。ということはやっぱり、あらゆるセックスはそういうことだということですね。

**二村**　となると、これから相手を見つける女性はどうすればいいんでしょう？

**信田**　一目惚れしていろいろやってもいいですけど、結婚はもうちょっと別の選択肢で選ぶということですね。結婚っていうのは「愛の成就ではなくて、制度で責任を持つ体系」ですから。そんなところに一目惚れという選択肢を持ってきたら間違うよって。

**二村**　同じタイプの男に引っかかり続ける女の子って自分を罰しているように見えてくるんですよね。叱ってもしょうがない。だからひとつのロジックとして「その恋愛やそのセックスをしちゃったことには意味があって、それは自分の『心の穴』が見えたということなんだよ」って僕、なぐさめではなくて実感としてあるんですよね。

**信田** ちゃんと1回の経験から洞察して学んでもらいたい。「自分の何がその相手を求めさせたのか」。そういうことを自覚してもらいたいよね。

**二村** この本を読んでもらって「彼は、私のお父さんとああいうところが似ているんだ」とか、「お父さんやお母さんに言われて傷ついた言葉を、彼のふるまいで思い出した」とか。

**信田** でも、そういうことがわかっていても、駆動し始めた限りは、恋は止まらないですからね。だから「自分がどこまでだったら許容できるか」を見極めることですよ。自分がある程度傷つかないところでちょっと止められるのがいいですよね。

**二村** 「なるほど」って思う人は多いでしょうけど、実際に恋愛していると正気じゃないですからね。

**信田** 狂気に近い状態だからね。

**二村** 「正気」って何なんでしょう? 「正気と狂気」の定義って……。

**信田** 自分でわかっているっていうことと、止められないっていうことがありますよね。「ある程度わかっていたら止められる」っていうのが正気だと思う。狂気の状態って、わかってる主体が揺らいでるんですよね。「自分が変だな」っていうのと「世界が揺れてる」っていうのとのギリギリのところが、自分が揺れているのではなくて「世界が揺れてる」っていうふうになってくる。

**二村** 僕の中で矛盾があるんです。撮影では女優さんの感情を揺らす作業をしているのに、プライベートでは「女性の感情」が憎くなる。責められると逃げ出したくなるし、僕自身が感情を揺さぶられることに耐えられなくなるんですよね。罪悪感と「自分を守りたい」という気持ちが同時にあって。

**信田**　その「守りたい」っていうのは、いったいなにを守りたいの？

**二村**　なんでしょう。なんなんですかね。本当に僕、それを問いつめられて自分で知りたいんですよ。

## 菩薩とか母性とか

**二村**　これを言うとすごく保守的な話みたいですけど。女性の中には、菩薩とか母性じゃないけど「ゆるぎないもの」があるような気がしていて……。

**信田**　ストレートに言ってください。

**二村**　すみません。女性がしっかりしていてくれれば、男がその女性に恋をしても女も狂わないし、というか、男に狂わされている場合じゃなくて、女は男とか恋愛に対しては、どっしり構えていて欲しくて。男が女に右往左往させられているほうがいいのになって。

**信田**　わかった、わかりました。

**二村**　女を美化しすぎですかね。

**信田**　美化じゃないですよ、バカにしてるんですよ。「女性は人間じゃない」ってことの裏返しの表現。自分を美化してるんですよ。

**二村**　女を崇めてるんじゃなくて、むしろ自分を安全圏において自分を崇めてる？

**信田**　「菩薩」っていい表現に聞こえるけど、実際には「女性には頭脳がない」ってことを言ってるんですよ。あーもうそんなこと言わないで、二村さん。あなたこんな本書いて、ここまで話していて、なぜそんなこと言うかな（笑）。二村さんの中にいる「いい女」というものの「ある種の原型」がそれなのね。男や恋愛ごときに心を揺らさない存在が二村さんの中にいる女だということ。それはお母さんの影響なんですか？

**二村**　……………。

**信田**　そんなつまらない結論でいいんですか？　えっ、そんな女性像を持ってるの？　ちょっとやめてよ。

**二村**　我ながらつまんないですね。

**信田**　まぁ、そういうほうが予定調和的な対談じゃなくて、面白いかもしれないですけど（笑）。

**二村**　今、すごく突きつけられましたね。自分がそこに逃げ込んでいるんだなということがよく分かりました。

## 男にとっての「与える」とは

**信田**　私、やっぱり男性は「もらいたがっているだけ」っていう気がするんですよ。

**二村**　「与えようとしない」ってことですか？

**信田**　与えようとしないっていうのは、いちばん腹が立つよね。やっぱり最後は与えるのは女かい、みたいな。女性の場合は「与えることによって、もらうこと」ができるんですよ。でも、男性にはその回路がない。与えることによってもらう回路がないので、「もらうだけ」になっちゃうんですすよ。

**二村**　それは仕様なんでしょうか？

**信田**　社会的なジェンダーからくるものなのか、生物学的なことなのか、その辺はよくわからないですけど、だからこそ小さい頃から「与えることで、もらえるよ」っていう育て方をすればいいのかもしれないですよね。

**二村**　なるほど……。

**信田**　たとえばDVをやってしまう男性たちの講座では「どうやってケアするか」という練習をしてもらうんですよ。「ケアを与える」とはいかなることか」というのを練習してもらうことが関係性に繋がっていく。

**二村**　うわー、それ重要ですね。今ふと思ったんですけど、もしかして、お金って男が関係性から逃げるために発明されたものですか？「与える」ことができないから代わりに働くことで女に何かを与えているような気分になれる「経済」ってものを作り出したんじゃないですか？それをまた悪用して女を支配してる。

**信田**　そうかもしれないですね。「収穫や狩猟」っていうのは、「与える」ことじゃないですもんね。「奪う」ことだもんね。

**二村**　つまり、男がお金を稼いでくるっていうことは、与えてるというより、家の外で奪ってきてるということですよね。それで「飯を作れ」とか、子どもには「学校へ行け」とか……。

**信田**　よく男性は「お金を与えてるじゃないか」って言うもんね。そうか、なるほど。男にとって与えるとは金銭なんだ。

**二村**　なんなんですかね、それ。でもそうですよ。「金稼いできてるんだから」っていう怒りと同時に申し訳なさがありますよね。

**信田**　何百億も稼いでくるんだったら「うん」って言うけど、たかだか1000万もいかないのに「俺、与えてんだろ」とか言ってほしくないですよね。

**二村**　まったくですね……。

**信田**　妻たちのグループでこういう話をするとね、「本当です、先生、あんな雀の涙みたいな年金で威張られても……」って言いますよ。

**二村**　「こっちは稼いでるんだから与えてくれよ、それでフィフティ・フィフティじゃん」って言いたくなっちゃうんですけど、そうじゃないんだと。「お金」というのは男が与えられないが故に発明した「まやかし」なんだと考えると、「なんでお金を稼いできてるのに罪悪感を感じているのか」っていうことが納得できますよね。だったら、本当に与えるしかないんですよね。

**信田**　女性に収入があってお金を渡してる場合は、女性には「与えてる」っていう実感がないんですよ。そこが不思議だよね。やっぱり女性が与えることができるものって、生身のケアだったり、親切だったり気配りだったりっていうことになると思うんですよね。

**二村**　今日、信田さんとお話させていただいて……。本当に話せてよかったです。ありがとうございました。

**信田**　こちらこそ、ありがとうございました。二村さんは正直な方ですよね。真面目なんですよ。いいか悪いかは別にして、真面目だよね。

**二村**　真面目なのはあまりいいことじゃないと思いますけど、こういう本を書いたり、ある種の人が喜んでくれるアダルトビデオを作ったりしてるのは、それはいいと思うんです。でも、そのことで「金を稼いでいるんだ」とか大きな顔をしていないで、与えなきゃねえ……。

（2014年1月24日　新宿にて）

# 文庫版のためのあとがき

**二村**　ほんとなら、ここは「文庫版のためのあとがき」が載るべきページなんですが、うまく書けなくて困っています……。この本の構成を手伝ってくれたライターの丸山さん、最後の最後ですけど、もうちょっとだけ話し相手になってくれませんか。この本は、編集担当の圓尾くんと一緒に企画を立ち上げたのだけど、男性だけで書いてるとなかなか進まなくて丸山さんに加わってもらって女性としての意見を聴いて、より女性読者に伝わるように手伝ってもらいながら書いたのでした。

——もうすぐ校了なのに、どうしたんですか？

**二村**　文庫版で新しく付け加えた10章「読者の恋のお悩みに答える」のB子さんパートと信田さんとの対談のゲラを読んだ後で、あらためて1章から9章の本文を読み返してみて、ちょっとショックを受けていまして。

——たしかに二村さんに、いろんなことが起きてましたね。

**二村**　最初に出版した時は「俺、いい本を書いた」みたいな、いい気になっていたんだけど。まずB子さんには「二村さんは理屈を言っている」ということを指摘された。理屈なのは、まあ、いいと思うんです。問題は僕が、その理屈を「自分が逃げる口実に使っていた」ということです。そして信田さんに、僕の中の「菩薩か女神のような理想的な女性像」がバレました。さらにA子さんの悩み相談も読み返してみると、対談していた時は気づいてなかったんだけど「このアウトロー志望の元彼って、俺自身と、なにも違わないじゃないか」って思って。いや、本の内容そのものは今でも「多くの人に読んでもらいたい」と思ってます。ただ書いた動機の根本が「僕が自分自身を守るため」だったという、そのツケが文庫化の作業で返ってきた。

——私も「この本は二村さんのインチキ自己肯定を助長させるための道具になっているんじゃないか」ということに、ある時、ふと気づいたんです。私自身が二村さんの都合、ひいては男性社会の都合におもねった仕事をしてたんだ……って。男性社会のぬるま湯に浸かって、その恩恵を受け取って、のほほんとしている自分がいた。私は「インチキ母性を発揮して男性社会に守られている、弱者に冷たい女性」がとても嫌いだったので、けっこう複雑でした。

**二村**　僕も、いばっている男性が本当に嫌いです。この本を書いたきっかけはいろいろあるんだけど、ひとつは「男性社会にあぐらをかいている男たちに対する嫌悪感」だった。

――つまり「インチキ自己肯定している男性」が嫌いということですか？

**二村**　そう。でも、それって僕自身の中に「いばっている男」がいるのを自己嫌悪していて、そいつが出てこないように、がんばって気を遣って生きているからなんだよね。あと「男性社会は良くない」って言っているとき、僕は快感を感じているんです。男性社会の恩恵を十分に受け取りながら生きてることを棚に上げて「ＡＶ監督なのにそれを指摘できる、かっこいい俺！」っていう……、まあナルシシズムです。その一方で「男性社会は良くない」って同じ言葉を被害者意識が強そうな女性の口から聞くと、責められているような気がして、むかついたりもする。

――男性社会の呪縛とそれがもたらす矛盾って本当に厄介ですね。この本を書いたきっかけというのは、他には？

**二村**　「恋で苦しんでいる女性に対する、憎しみ」かな。

――この本の最初の原稿は、たしかに二村さんの文章の書きかたに恋愛依存っぽい女性への揶揄があって、その裏には憎しみが見えました。

**二村**　その憎しみを、魚の骨を一本一本ていねいに抜くみたいに文章から抜いていく作業を丸山さんにしてもらったわけです。

――どうして「恋で苦しむ女性」を、そんなに憎んでるんですか？

**二村**　そういう女性を苦しめてきた罪悪感からの、逆恨みです。『すべてはモテるためである』の第5章にも書いたけど、僕はAV監督になって、まあまあ女性からモテるようになって、そのことで女性が病んだり依存してきたりすることが苦しくなった。こっちが苦しめておいて、苦しまれることが苦しいから憎むっていう、まあマッチポンプって言えばそうなんだけど。苦しむ人にも苦しめる人にも【心の穴】があるよねって考えついて、それで「女性が、なるべく恋で苦しまなくなるような本を書きたい」ってなったわけだけど、その時に注意深く「自分のことは書かないようにしよう」とした。「君は、こうすればラクになるよ」ってことを書いて、女性が苦しまなくなれば僕の苦しみもなくなるだろうと都合のいいことを。

――とはいっても、この本を読んでラクになれた女性は、二村さんに「だまされた」というわけではないと思います。二村さんの本をお手伝いしていて私自身、自己受容の必要を感じたし、単行本が出たあとの3年間、この本の通りに心の作業をすすめていったことで、ずいぶんラクになって生きやすくなったんです。女性の読者からも、そういう声がたくさんありました。でも私も、だんだん自己受容できるようになってきたからこそ、二村さんや男性のインチキ自己肯定にも気づけるようになったんですよね。今回わかった二村さんのインチキ自己肯定のひとつに、信田さんがご指摘された「現実の女性に、菩薩というレッテルを貼りつけること」がありましたね。

**二村**　それって、本文の2－4で書いた「自分の『理想の男性像』を、実在する『愛してくれない男』に投影している」というのと変わらないよね……。

——二村さんは「自分の中には菩薩はいない」と思っているんでしょうか。自分には「人を許したり愛したりすることが、できない」と思っているから、「女性が菩薩の心を持ってくれさえすれば、君も僕も救われるのに……」って。

**二村**　自分の中に「余裕」や「やさしさ」がないことを、恋愛で苦しんでる女性に投影して、憎んでるのかな。

——水を差すようですけど、7章の「ネガティブなヤリマンとポジティブなヤリマン」の部分にそれが顕《あら》われているなと思ったんです。ポジティブなヤリマンがまるで女神のようで、ネガティブなヤリマンであることが「いけないこと」

であるかのように書かれている。でもポジティブかネガティブかなんて本人が感じることだと思うんです。傍から見て「あれはポジティブだ、あれはネガティブだ」と判断するのはどうなんだろうって。ポジティブなヤリマンの人にも、ネガティブなところや被害者意識を持っているところはあるのだけど、その姿を二村さんや、ある種の男性が見ていないだけで。逆にネガティブなヤリマンの人にも、ある種の男性が見てないポジティブさや「愛する姿」があるわけで、意図的に特定の一面しか見ていないだけなんじゃないかという思いがあります。その一方で、世の中には「ヤリマン」に否定的なイメージを持っている人も多いので、「ポジティブなヤリマン」という概念を書いたことで、たしかにラクになった女性もいるんじゃないかとは思うんですけどね……。

**二村**　僕が「ポジティブなヤリマンから愛されたい」という思いと、ネガティブなヤリマンへの憎しみとで書いているから、いけないいんでしょう？

――フラットじゃないですよね。

**二村**　実際に、単行本版を読んでくれた複数の【男らしい女性=女らしい女性】だと感じられる人たちから「二村さん、菩薩のレッテルを貼りつけられると迷惑です」という意味のことを言われました。言われた時は「この人たちは慎み

**深い人たちだから謙遜しているんだろう」って思ってたんだけど。**

——生意気なことを言いますけど、二村さんはどこまでも、ある種の女性たちを「自分に都合のいいように」見たかったんですね。その女性たちは「自分を見てくれてない」ことに怒っているだけだと思うんです。悪いところや弱いところがない人間なんていないですよね。「菩薩を貼りつけられる」というのは「あなたには悪いところも弱いところもないですよね」と言われるということじゃないでしょうか。つまり二村さんに対して「悪いところや弱いところを出すことを禁じられる」ということで、私がそれをされたとしたら悲しいです。

**二村　「俺を苦しめないでね、菩薩なんだから苦しめるはずがないよね」って予防線を張ってるんだもんなあ。**

——でも、私、菩薩も悪魔も同じものだと思うんです。悪魔というと極端な表現になりますけど、自分の中にある怒りとか憎しみとか怖れとか攻撃性とか、悪い部分や弱い部分ですよね。菩薩も悪魔もその人の中にある一側面で、老若男女問わず誰にでもあるもので。あたりまえですけど心の何かのスイッチが押された時に、どちらかが顔を出すだけなんじゃないでしょうか。

逆に言うと、女性に悪いところや弱いところがあることを許せないということとは、二村さんが自分の中の悪いところや弱いところがあることを受容していないからだと思います。自分にも悪いところや弱いところがあることを許せたら、女性に菩薩を貼りつける必要もなくなるんじゃないでしょうか。

**二村**　あっ、俺は自分の弱さが耐えられないから、ヤリチンをやることでそれを隠してるってことか……。何から自分を守ってるんだろうな……。うーん、どうしたら与えられるんだろう？　どうしたら愛せるんだろう……。

――二村さん、もう「なぜ」や「どうしたら」を考えるの、やめませんか？

**二村**　いや、だって、この本のタイトル『なぜあなたは「愛してくれない人」を好きになるのか』だよ？

――これ以上「なぜ」「どうしたら」を考えても「自分を見ているだけ」というか「自分の中に入っていくだけ」というか……。それに、いま、ひとつ自己受容できたじゃないですか。

**二村**　えっ。どこ？

――「自分の弱さに耐えられないこと」を受け入れたじゃないですか。

**二村**　えっ、あれって自己受容なの？

――ええ、そんな気がしたんですけど……。

**二村**　自己受容って何なのか、どうすればできるのかって考えると、すごく、むずかしいよね。

――考えるから、できなくなるのかもしれないですよね。

**二村**　単行本版の『恋とセックスで幸せになる秘密』では【自己肯定】という言葉で表現していたことを今回、【自己受容】に直しました。最近、ある心理学の本を読んでいたら、僕が使っていた意味の【自己肯定】とまったく同じ意味で【自己受容】という言葉を使っていて、僕が使ってる【インチキ自己肯定】とまったく同じ意味で【自己肯定】を使ってたんです。それを読んで、なるほど【自己肯定】だと、まだ「がんばってる感」があってキビしいなあ、【自己受容】のほうが「努力しない感じ」がしていいなあと思ったので、使わせていただきました。さっき丸山さんは「考えると、できなくなるかも」って言ってくれたけど、たしかに、そういうものだと思います。

――この本では「あなたの恋が苦しいのは、なぜなのか？」を考えつづけてきましたけど、もう、これだけ本一冊ぶん考えたんだから、あとはもう考えないで、ただ選べばいいだけなんじゃないか、と思いました。

**二村**　何を選ぶんですか？

――幸せになること。

**二村**　人は「それを選ぶことができないから、苦しんでるし、考えるんじゃないか」とも思いがちですけどね。

――原因や方法を考えること自体が、幸せから遠ざかっている感じがしたんですよね。

**二村**　僕もまだ【**受容**】って言葉を使い始めたばっかりで、ほんとのところ、よくわからないんだけど。なんとなく、でも実感として、わかります。考えることを手放して自己受容してると、幸せになることのほうを選べますね。

――それでも、できる時と、できない時がありますけどね。

**二村**　それって「さあ選ぼう！」とか「たった今、選びなさい！」とか、いそいで選ばなきゃいけないんじゃなくて。もう「あとは選ぶことしか残ってないんだから、いつでも、その時が来たら選べばいいんだ」とか「いま選べなくても、いつ選んでも、いいんだ」とか、そういう、ゆるい感じで。

［聞き手：丸山桜奈］

[ スペシャルサンクス ]

高田順子
コヤナギユウ(東京ナイロンガールズ)
まつざきみわこ
毛利貴子
早川舞
鏡ゆみこ
豊田美緒
ドルショック竹下
淫語魔
川原和子
前川麻子
渋井哲也
今井萌
金澤恵美
ナカダハナコ
藤田ゆう即
松陽
加藤貞顕(cakes)
藤村はるな
山本多津也(猫町倶楽部)
枡野浩一
中村うさぎ

# 解説

湯山玲子

たまに古本屋めぐりを楽しむ私だが、家庭書コーナーに山のようにある、10年前などの恋愛やモテの本を発見するたびに「思えば、遠くに来たもんだなあ」としみじみすることがよくある。

それらに熱く書かれているのは、男と女の生きる世界がはっきり分かれていた、いうならば非常に牧歌的な時代の、単純なテクニックや心構えの数々。女性の社会進出がまれだったゆえに男の威張りが効き、女にもともとの性欲なぞはなく、男によって開発される、などということが常識だった時代の、恋愛指南は非常にシンプルだった。当時、男性誌の人生相談で、男の中の男である某作家が、「ごちゃごちゃ悩む前に、男はソープに行けい」と叱っていたのは有名だが、アドバイスの通りにソープに行って自信をつけた男がまともなオスとなって、女性を引っ張っていけばよかった時代はもはや存在しない。

男と女の間にたやすく渡れない大河が横たわっていた時代には、「男なんてバカだから、おだてておいて、尽くすふりして引っかければいいのよ」であるとか、「夜景の見えるレストランで、実はアルコール度数が多いマルガリータを飲ませれば必ず女がオチる」といったようなことを、ほざいていればそれでよかったのだが、現代の男女関係はそんな対症療法では太刀打ちできないほど、大変なことになってしまっているのだ。

男女関係だけではない、今や、家庭であれ、企業であれ、社会であれ一年先はどうなっているか分からないほど流動的で、「ココだけを押さえておけばどうにかなる」という方程式が成立しないのだ。そういう不安定な世界の中で、外部の他人と恋愛とセックスを成就させようとするならば、今度は当事者のほうにブレないアンカーが必要になってくるのはあまりにも明白である。かつてはその「どっしり」が社会のほうに確実にあったので、中身は「ふわふわ」のみんなといっしょでもよかった。しかし、今はその逆で、外部が不安定な分、自分の中にひとつの心棒を持たないと、ハッピーに通じる恋愛もセックスも体験できない、とこの本は説いているのである。

そのキーワードのひとつに、「自己受容」という言葉が頻繁に出てくる。ナルシシズムではなく、ありのままの自分を認めるというこの精神のあり方は、考えてみればすべての人間がきちんとインストールしておかないと、人生に誤動作を起こしかねない大切なものだ。恋愛もセックスも本来、いろいろな経験を積んでなんとか「自己受容」という人生の免許証をゲットしたおとなの男女が、乗りこなしてこそ得られる快感だったのに、気がついてみれば、ストーカーやら、セックス依存症やらの無免許運転の輩ばかりで事故だらけ。そういう、危なっかしい人々に、まずはきちんと「自己受容しましょうよ」という運転の仕方をきちんと説明する著者は、恋愛とセックスの諸問題を、そもそも、「人間とはなんぞや」という本質から根こそぎ語ろうとする気概に溢れている。

著者曰く、「昔は男性も女性も自己受容できるシステムが別々に用意されていた」のだが、現在はそれが完全崩壊。たとえば、女性はかつては入りたくても入れなかった男性ビジネス世界にも参入し、母や妻という伝統的な女性の世界も手ばなしていない。このように、欲望の分母が多くなったことで、「ひとりの人間がこなせるわけないじゃん」というタスクに躓いて、「自己受容」どころか自己否定が普通の精神状態であると、著者は女性の「生きにくさ」の最大の原因をズバリと看破する。その一方で、このように謙虚で奥ゆかしい（?）女性に対して、男性のほうはといえば、社会や制度が自己肯定感をドーンと補完し、その気分にさせてくれる「インチキ自己肯定」に満ち満ちたお気楽ぬるま湯天国。ああ、この男女の何という非対称性！　今夜も各地の女子会で「なんで、男ってあーいう風なの？」と、呪詛が飛び交っているはずの根本的な理由を示されて、胸のつかえが取れた読者は多いだろう。

「インチキ自己肯定」と称される、アイデンティティーを組織やオタク道に同化している男たちのふるまいに対して、著者は女性たちに「これにだまされるな。振り回されるな」と、男である自分のことを棚に上げずにきちんと腑に落ちる説明を多彩に用意している。

たとえば、最近とみに私の周辺に頻発している、仕事ができる人間的にもナイスな中年女が、年下のかわいい子犬クンと付き合うも、最後には女のほうが子犬にブチ切れて終わるという恋愛悲劇についても、破局の原因をつくり出す子犬側の男性心理を著者はこう説明する。「もともと、彼女の強さに魅力を感じて、恋という名の憎しみを抱いていた彼は、彼女を乗り越えよう、支配しようとしだすでしょう。〈中略〉甘やかされた男は『男らしく』ならないで、『男であろう』としてしまうのです。そこに待っているのは『インチキ自己肯定』か、男らしくなりきれない『自己嫌悪』です」と。うーん、まいりましたね。この分析は、昔から経験的に言われている「女は惚れられた相手とのほうが上手くいくし、長続きする」というセオリーをも、見事に裏付けてくれるではないか。曰く、「男性が女性から惚れられた場合、男は簡単に『インチキ自己肯定』に陥り、そういう男の常として、他人を支配したがるし、相手のことを支配できなくなると、今度は相手のことを徹底的に否定し始める」結果を引き起こすのだ、と。男性が草食化し、待ちの姿勢になるならば、女性のほうは肉食化して積極的になる。攻守交代で丸く収まるかと思いきや、肉食女子のフラストレーションがたまる一方というのは、こういう理由があったのです。ホントに男って、しょうがないよなー。

著者は「自分の『心の穴』をきちんと知ること」が幸せへの道であると説く。「心の穴」とは、「こういう状況だと、こういう気持ちになる。こう行動してしまう」という感情や考え方のクセのことであり、「『心の穴』をふさぐことはできないけれど、その存在に苦しめられないようにすることはできるし、当人が苦しまなくなることで、周囲との関係も良い方向に変えていくことができる」と結論づける。そして、その「自分の『心の穴』に向き合おうとせずに、相手で埋めようとする」ことが特に女性が陥りやすい恋のあやまちだと説くのだ。

これにも、非常に思い当たるフシがある。私はよく女性誌の連載や特集で、彼氏ができない、結婚ができない女性の悩み相談を受けるのだが、ものすごく多いのが、「寂しさに耐えきれない。だからこの心の隙間を埋めてくれる彼氏がほしい」という一見、まっとうな動機。しかし、著者も言っているように、ぽっかり空いた自分の穴は、絶対に他人では取り扱えず、どんなにラブラブな彼氏がいようが、いい夫と添い遂げようが、自分で把握し、メンテナンスしなければならないものなのです。

そう、「心の穴」はふさぎようがないし、「心の穴」が無い人間はひとりとしていないという言葉にも勇気づけられる。「心の穴」は傷という言い方もされ、現代はとかく、親の影響であるとか、イジメにあったとかで、その穴や傷を人生のブレーキにしてしまう風潮が強いのだが、それらを一種の個性として認め、上手く飼い慣らしていくことが、人間らしさであり、成熟することなのだという至極真っ当な考え方が提示される。

そして著者は、セックスは「『心の穴』に触ってもらえて、それを一瞬ふさぐことができたような気がする」行為だと言い切る。そう、ふさぐ行為ではなく、その気になる行為。これは、最近、女子の間で話題になる「私、こっきりさん（一回だけは、酔った弾みやノリでセックスできるのだけど、その後が続かない）ばっかりですよ！」というお悩みに対する素晴らしい回答だ。そう、そういう勢いセックスは、まずその前にお互いに「心の穴」をチラ見せし、探るというコミュニケーションの前哨戦がない。達人はそういうものがなくとも、セックスの現場で肉体と雰囲気でそれを交わしてしまうが、まあ、そんなことが普通の男女にできるわけがないので、「一回でいいや」となってしまうのである。女性や男性がいくらテクを事前勉強してもダメで、特に女性のフェラチオ修行などは（「ａｎ・ａｎ」に詳しいですが）、先ほどの男性の嫌な特質「インチキ自己肯定」を増長させるだけで、まったくメリットがない、というのだ。また、セックスの「『心の穴』ふさぐよーな気分」は、夫婦や長年のパートナーのセックスにある、まるでヨガみたいな「スルと非常に精神衛生上良い」という恋愛というエンジン抜きの行為の効能を非常によく言い当ててもいる。

現在は、恋愛やセックスなどの男女関係は、「年頃になった人間は、自然と手に入るもの」なんぞではなく、まともなソレを人生で体験できるほうがレアでラッキー、というほどに困難になってきている。実際に、非リア充の旗印の下に、最初から現実の男女のおつきあいをあきらめてしまっている層は、若い世代を中心に男女ともに拡大中だ。彼・彼女らを、「だから、バーチャル世代はダメなんだ」と嘆く前に、「自己受容」もきちんとできていないくせに、記念日のサプライズだとか、お泊まりデートのような恋愛イベントと情報消費ばかりに血道を上げて、あんまりおもしろそうに見えないリア充のお寒い真実を見据えたほうがいい。
『恋とセックスで幸せになる秘密』という（単行本時の）タイトルは、一見、お気楽なモテ本をイメージさせたものだったが、そこはそれ、老獪な編集側のセンスというやつで、この本は、思考停止で寄りかかることができる組織や共同体が崩壊し、グローバリゼーションの波の中、意思ありきの自立型になっている社会の中で生きのびるための必須能力になっている、コミュニケーションの心構えが肉厚に書かれている。そう、モテは今や男女関係だけではない。恋愛やセックスはおろか、結局、人間の幸福感と大いに関係がある、人モテの極意が詰まった本が当書なのだ。

**湯山玲子**（ゆやま・れいこ）
著述家、クリエイティブ・ディレクター。有限会社ホウ71取締役。日本大学藝術学部文藝学科非常勤講師。女性誌を中心に連載多数。著書に『女ひとり寿司』『女装する女』『四十路越え！』『快楽上等！3・11以降を生きる』（上野千鶴子との共著）などがある。

文庫ぎんが堂

なぜあなたは「愛してくれない人」を
好きになるのか

2014年4月20日 第1刷発行
2023年4月10日 第16刷発行

著者 二村ヒトシ

ブックデザイン タカハシデザイン室

本文デザイン 勝浦悠介

発行人 永田和泉
発行所 株式会社イースト・プレス
〒101-0051 東京都千代田区神田神保町2-4-7 久月神田ビル
TEL 03-5213-4700 FAX 03-5213-4701
https://www.eastpress.co.jp/
印刷所 中央精版印刷株式会社

ISBN978-4-7816-7108-6